名师名校名校长

凝聚名师共识
回应名师关怀
打造名师品牌
培育名师群体

顾明远

倪史标 著

教育的人生

我的教育教学行思录

吉林文史出版社

图书在版编目（CIP）数据

教育的人生：我的教育教学行思录 / 倪史标著. —
长春：吉林文史出版社，2022.4
ISBN 978-7-5472-8485-8

Ⅰ.①教… Ⅱ.①倪… Ⅲ.①教学研究 Ⅳ.
①G420

中国版本图书馆CIP数据核字（2022）第067431号

教育的人生：我的教育教学行思录
JIAOYU DE RENSHENG：WO DE JIAOYU JIAOXUE XING SI LU

著　　者：倪史标
责任编辑：吕　莹
封面设计：言之凿
出版发行：吉林文史出版社有限责任公司
电　　话：0431-81629369
地　　址：长春市福祉大路5788号
邮　　编：130117
网　　址：www.jlws.com.cn
印　　刷：北京政采印刷服务有限公司
开　　本：170mm×240mm　1/16
印　　张：11.25
字　　数：203千字
版 印 次：2022年4月第1版　2022年4月第1次印刷
书　　号：ISBN 978-7-5472-8485-8
定　　价：58.00元

序 言

我和我们

我

时光流转，四季更替，我在岁月的年轮中不断成长。我是一个读书人，不喜欢过多的应酬。"与智者同行，必得智慧"，这是我的人生信条。书本中有许多知识，读书是我每天的必修课，在阅读中得到滋养，学识一点儿一点儿地长进；在阅读中思考，思考这个时代以及这个时代中的我，也思考应该怎样与我的同事和我的学生一起努力前行！

我是一个教育工作者，常言道：要给学生一杯水，为师者，必有一桶水。这一桶水还是不够的，应该是长流水。20世纪90年代，我毕业于全日制师范院校，是镇上屈指可数的大学生，也是所在学校首个全日制大专生。我向组织申请，分配到乡村工作。交通不便，我每天不是教书便是读书，将琐碎的日子过出了新意。在城镇初级中学的6年多的岁月中，我通过自学考试，顺利获得中山大学哲学专业本科学历，成为该镇教师群体中的第一个本科生。随后我参加了华南师范大学教育经济与管理研究生课程班。

在学习的过程中，我不仅收获了书本中的知识，也收获了情谊，更与一些同行建立了关系，一路前行，一起加油，彼此鼓励！而后，我也曾赴华东师范大学、北京师范大学等高校进修。

因为付出，所以才有收获。

我最喜欢的是"广东省百千万人才工程（以下简称'省百'）高中文科名教师培养对象"这一称号，在这4年中，我们在导师的悉心栽培下，一半以上的同学评上了特级教师和正高级教师。他们在各自的岗位上发挥自己的才能，成为广东教育改革的贡献者。他们不仅是省内有名的专家，而且在国内也有一定的影响力，如中山的楼卫琴、深圳的庄惠芬、汕尾的蔡森、佛山的周小华……在这4年的学习中，我得到谢绍熺、李松华、宋春燕、左璜、王红等导师的帮助，有了自己的一些思考与实践。

成为一名合格教育工作者的必然要求，是得了解国内外先进的教育理念，这些多半是从书本中得不到的。"省百"给了我们去台湾、香港地区以及美国学习的机会。我们深入课堂观课，与所在地教育工作者共同探讨一些教育问题，并把学到的东西进行消化，转化为自己的知识，以便不失时机地服务好我们的师生，这是教育工作者必须时刻铭记的初心使命。在此期间，我深刻地体会到，我们的教育是培养合格的社会主义建设者和接班人，是为国育才。

我还是广东省名师工作室主持人，在担任工作室主持人期间，10名学员都发挥着各自的作用，有着不同程度的成长，成为区域内有影响力的骨干教师。

20多年的工作生涯着实不短，我工作过的学校共有5所，无论在哪儿，不纠结、不埋怨，干一点儿是一点儿；无论在哪个岗位上，做好自身定位，服务好师生是我的追求。

我 们

　　我们"省百"的同学4年来在一起学习、研修、探讨，一起成长，收获了许多。庄惠芬等2位同学获国家级荣誉，蔡森同学获省特支名师称号，杨联柱等多位同学获省特级教师称号，楼卫琴等14位同学获评正高级教师，这个队伍里还有国家万人计划名师、教育部名师领航班学员。我们一个个承载着沉甸甸的责任，也收获了累累硕果。

　　这几年，梅州、揭阳、汕尾、韶关、河源等山区都有我们送教的身影。我们帮扶着山区的教师，引领着他们的成长。

　　这几年，我们到基础教育名校访学，与那里的名师交流碰撞，以让他们了解广东的基础教育。由广东省教育厅主办、华南师范大学承办、汕头市教育局协办的"2018年广东省高中课程改革与课堂教学创新论坛暨广东省高中名师赴美研修成果汇报会"，于2019年1月11日在我所在的单位——汕头市潮南区砺青中学举行。在这次汇报会上，我们与区域内广大同行共享国内外课程改革先进成果。

　　2018年5月以来，我与工作室的伙伴在郑文波校长的指导下，努力钻研业务，提升自身的业务水平与能力。陈子君等学员均承担了市级以上的讲座或公开课，其中张泽锐代表汕头市参加广东省青年教师教学能力比赛并获三等奖，肖丹升所带领的高三备课组被评为2019年度汕头市先进备课组，郑勇义获广东省潮汕星河辉勇师表奖，鲍佩莲获2020年度汕头市优秀班主任称号，刘奇福等4位学员晋升为高级教师，郑勇义、邱经祥、陈子君等3位学员主持省、市级教育规划科研课题，林文洲被评为汕头市优秀青年教师，肖丹升、陈子君被推荐参加2021年度的南粤优秀教师评审，郑勇义被市推荐参加省百千万学员评选，陈仰钊被汕头大学研究生学院聘为教育硕士校外导师。

学员的成长也带动了我们所在单位老师的成长。其中，科组所有的教师均承担区公开课，陈秋贤参加第四届粤东微课比赛并获二等奖，黄佳丽、张悦获三等奖；2019年庄晓婷参加市教师技能比赛并获三等奖；郑文静2019年获市优秀青年教师称号并晋升为高级教师；黄佳丽撰写的论文获2019年汕头市教育学会论文评比一等奖。科组的老师还承担了市重点课题、省教育规划课题各一项，出版专著2部；2021年5月，课题成果荣获第五届广东省中小学校本课程建设成果三等奖……

所有学科的教学都是相通的，这几年我们也邀请了其他学科的名师为我们的学员和学校其他学科的教师分享教学经验与成长的心得体会。

我们不仅推动科组老师的成长，也让其他学科的老师共享这些资源。

独行速，众行远。

我努力着，我们努力着！

目 录

第一辑　教育教学感悟

第二辑　研修学习心得

第三辑　教育交流访学

第四辑　成长寄语

第五辑　教育随笔

第
一
辑

教育教学感悟

我的教育思想与实践

一、我的个人简介

我出生于1972年12月，1995年参加工作，高中思想政治正高级教师，广东省第九批特级教师。先后任教于潮阳市仙城镇仙门城中学、汕头市潮南区东南中学、汕头市潮南区晓升中学、汕头市潮南区司马浦中学和汕头市潮南区砺青中学。曾任政教处副主任、教导主任、体卫主任、总务处主任、副校长等职务。

工作至今，先后获潮阳市先进教师、潮阳市先进德育工作者称号，汕头市体质健康工作先进个人、潮南区师德先进个人、潮南区优秀校长称号，南粤优秀教师称号，潮汕星河辉勇师表奖。其间主持省、市规划课题各两项，有近20篇论文在各级期刊发表、获奖。

2015年成为省百千万人才工程高中文科名教师培养对象；2016年被评为省特级教师，12月赴台交流学习；2017年被聘为市人民政府督学。2017年调任砺青中学副校长，同年荣获市名教师称号。2018年4月成为省名师工作室主持人，2018年5月被聘为韩山师范学院兼职教授，7月受聘为省首批中小学研训专家库成员，9月受聘为市教育科研专家库成员，10月至11月期间赴美交流学习。

二、我的教育思想

执着·用心·观察·引领
—— 20多年的教学反思与体会

20多年来，认真研究各年级的学科教材和课程标准、学习中学政治教学方法、追踪本学科的科研信息、积极参与各项科研课题的研究，都是我一直努力的方向，也让我取得良好的成效。

近年来，我积极探索探究式学习，注重向课堂45分钟要质量，逐步形成自己的教学风格。即教给学生学习的方法，培养学生运用政治理论观点评论时事形势和剖析社会现象的能力，鼓励学生参与社会实践，形成了"三讲清"（讲清知识点、讲清联系、讲清理论与实践的运用）、"三着眼"（着眼双基，着眼课堂消化、着眼抓两头带中间）、"三改变"（将夸夸其谈、罗列知识改为突出重点，把握规律；将一讲到底改为鼓励学生多动脑、动口、动手；将机械化的教学改为生动丰富、新颖多样的教学）的具体模式，曾两次获潮阳市优质课评比二等奖。

在教育教学过程中，我始终面向全体学生教书育人，以高尚的师德、严谨的教风影响学生，重视培养学生的创新精神和实践能力。积极践行"三讲清""三着眼""三改变"和导学式教学，减轻学生课业负担，更多地引领他们选择报刊、书籍阅读，培植学生学习政治学科的兴趣点，引导学生写简短的时事评论，哪怕是一句两句。此举既深化了教学内容，也强化了学生遵纪守法、防范违法犯罪的意识，帮助学生塑造健康向上的人格，培养学生较强的生活自理能力、自我管理能力以及团队精神。从教以来，我教的学生政治课合格率为100%。课堂教学深受学生欢迎和同行认可，在促进学生基本素质全面发展方面取得了良好成效。

铁杵成针，水滴石穿，唯有用心付出才有所得。

2013年司马浦中学的发展进步受到许多客观条件制约，在全体教职工的努力下，老师们从自身实际出发，不抱怨、不埋怨，干一点儿是一点儿。在2013年参加高考的356人中，上线307人，本科上线74人，上线率为20.79%，朱×峰、林×涛、廖×婷、廖×宜、林×霞等5位同学分别被华南理工大学、暨南大学、华南师范大学、广东外语外贸大学、广州医药大学录取。发布成绩时，有同行、家长问我："这是真的吗？"是真的。成绩的取得是老师们的坚守、执着、拼搏换来的，这再次证明有付出就会有收获，有坚持就会有奇迹。

观半亩方塘，察"生"之天光云影，为学生成长量体裁衣。

当前，潮南区域内的许多中学都在不断成长，也有一些学校已跻身市一级学校行列。而面对司马浦中学生源基础较差的实际，为学生的成长量体裁衣才是可取之道。2014年，我校学生被一批院校录取的共有5人，艺术、体育单招单考生各1人。其中，方×城同学被武汉理工大学艺术设计系录取。这样的结果得从高一的一次考试说起。在那次考试中，方×城同学在试卷上乱涂乱画，被监考老师投诉到我这里。我找他谈话，从谈话中得知他从小喜欢美术，但中考文化课比较差。于是，我鼓励他走艺术之路，选学美术专业。可问题再次出现：学校尚无美术老师。我通过私人关系找到晓升中学的老同事翁×铭及他的同学廖×霞两位老师帮忙。当时还有一位同样喜欢美术的学生叫连×华，也在这两位老师的辅导下考上三A院校。

寻一汪源头活水，引领师生于成长沃土中发芽。

1998年，我担任镇中心组长，指导青年教师开展镇性、校性公开课等教研活动。2010年1月至今，在教师专业成长的领域中参与省"十二五"规划课题《农村教师专业成长有效途径研究》的科研，其子课题《校本教研能力的发展途径》已结题，其成果共有区级以上奖励六项，并有论文《农村中学教师专业成长的有效途径探索》于2012年在《广东教学》上发表。政治科组共9人，有中高2人，近三年获省优秀2人次，市优秀德育教师2人次，贺艳华作为省第一批骨干教师培养对象已胜任主持课题的工作。刚毕业不到5年的王燕蕊具备一定的科研素养，理论素养也较好。这些教师都参与课题研究。

近几年时常碰到高考后成绩一公布，学生面对自己的高考分数不知怎么选学校和专业的情况，于是我常思考在接下来是不是应该从高一开始让学生了解喜欢的学校与中意的专业，以避免高考后的迷茫与困惑，也在思考学生毕业后该如何与他们更好地沟通，在他们成长的路上给予指点，能让他们回母校与老师、学弟学妹分享经验。这些都是我今后努力的方向及着力点。

好教育，强国梦；中国梦，教育造。国家的繁荣离不开教育，教育的发展离不开教师引领。我始终认为：从学校的客观实际出发，发挥自身的长处，不抱怨、不埋怨，不懈努力，认真谋划，做个教育实在人，才是至关重要的！

总之，我的教育理念是：用心做教育，给师生寻找成长的空间，让他们学会选择，与他们一起成长，分享成长路上的喜悦和艰辛。

"苟日新，日日新，又日新"的精神将指引我继续前行。

第一辑 教育教学感悟

三、我的教育故事

唤醒青年教师的教研自觉与情怀

2017年8月，我由司马浦中学副校长调任砺青中学副校长，主抓教育教学工作。

从事教育工作以来，我始终认为"教师是立教之本，兴教之源"，一个学生遇到好老师是人生的幸运，一个学校拥有好老师是学校的荣耀，一个国家涌现出一批批好老师是国家的希望。作为一名负责教学业务的副校长，如何打造一支适应新时代教育发展、肩负新时代教育使命的教师队伍是我工作的重心。我以多年的工作经历和经验分析，中青年教师在现实的教育教学过程中更容易遇到一些挫折和困难，如果得不到及时的帮助、引导，将会对他们的教育教学工作产生一些消极的影响，也有一些中青年教师因为欠缺教育经验，对教师职业未来的认知不足，从而对自身的职业发展缺乏规划。如何在能力和职权范围内唤醒老师们的教研自觉意识，并指导和帮助他们在工作中不断提高自身的专业素养和职业价值感、幸福感，亦是我工作的重中之重。

调任砺青中学副校长后，为了尽快适应和开展工作，工作之余，我经常深入课堂和教师办公室，与一线教师交流，也不时向学校班子成员及教研组长、备课组长了解学校师资队伍和教师的教研教学成果。经过一段时间的了解和对学校教师情况的全面梳理，发现很多教师专业素养和教研水平比较高，工作业绩突出，深受学校领导、老师和学生的欢迎。但也有的老师在刚入职的前几年成长很快，教学成果丰硕，但五六年后教育教学却进入瓶颈期。

在砺青中学，葛斌昂老师引起了我较大的兴趣。葛斌昂老师

2007年大学毕业来到砺青中学工作至今，现承担我校高二年级文科地理教学工作。该老师入职以来工作积极，教育科研成果显著，2010年参加区首届班主任技能大赛，获高中组二等奖，2013年被评为汕头市教学改革先进教师，且有多篇论文发表在国家级、省级、市级刊物上。如：2012年论文《日本人节水面面观》发表于《地理教育》，同年论文《发挥学科优势，强化学生德育》获汕头市优秀德育论文二等奖。但这些成绩的取得是他入职前几年的事，而近几年他的教研成果明显减少。为了弄清楚其中的原委，我便主动约他谈心。在第一次一个多小时的交流中，我先对他过去的教学成果给予了肯定。接着结合当前教育形势和未来教育对教师专业的要求，我对葛老师提出了两点希望：希望他能继续保持对教育教学的热情，形成自己的教学模式和教学特色。同时，也希望他能够不断地利用业余时间和各种培训机会充分学习，提高自身的教学水平和教研能力，促进专业发展。交流结束之后，葛老师感谢我对他教学方面的肯定和建议，但对于自身职业的发展和教研能力的提升，却明显表现出迷茫和不自信。

我知道，要想唤醒青年教师的教研自觉，激发教师的教育潜力，仅一次谈话是远远不够的，需要长时间地观察、分析、交流、指导。2017年11月，广东教育学会地理教学委员会举办"2017年广东省中学地理教学论文大赛"，我极力建议葛老师参加。功夫不负有心人，经过积极、认真的准备，其论文《探究生活化地理教学　培养学生地理核心素养》获得了大赛的三等奖。虽然这篇论文只获得了三等奖，但可以看出，对提升他的教研热情起到了一定的作用，而这次论文大赛的推荐也增加了葛老师对我的信任。于是我趁热打铁，第二学期初，在征得校长的同意后，我向区教育局教研室申请了由葛老师担任主讲教师的区性地理公开课。公开课当天，我放下手中工作，专门去观摩他的课堂。整节课，从最初的引导学生参与课堂互动，再到课堂重难点讲解，都体现了葛老师扎实的教学基本功。在课后的交流探讨现场，我向区局领导和兄弟学校的同行分享了这场公开课的初衷，参会的领导和老师也对本次地理公开课予以高度的评价。经过这几次活动，葛老师的地理教育教学热情被唤醒。我希望在以后的教学中，葛老师能不断突破自己，为我校的地理教育教学起更好的示范作用。

作为一名业务副校长，我深知做好本职工作，让学校的教育教学工作顺利开展是我的职责所在，而在提升学校教育质量过程中，不断地发现、挖掘、培养教师队伍，则是我一直秉承的教育信念。

我希望在接下来的工作中能唤醒更多教师的教研自觉与情怀，培养更多有教育情怀和理想的好老师。

四、我的教学设计

人教版高中政治必修三2.1：感受文化影响

【教育教学目标】

◎ 知识目标

1. 评述文化生活对人们的生活方式、交往方式和思维方式的影响。

2. 理解文化对人的影响具有潜移默化的特点，又具有深远持久的特点，懂得一个人的世界观、人生观、价值观是各种文化因素相互影响的结果。

◎ 能力目标

1.培养学生对各种社会现象进行文化分析的能力。

2.培养学生客观地、联系地、历史地、辨证地剖析文化现象的能力。

◎ 情感态度与价值观目标

自觉接受健康向上的文化熏陶，树立正确的世界观、人生观、价值观。

【教学重难点】

文化对人的影响的特点。

【课时设计】

1课时。

【教学方式和手段】

◎ 教学方式：讲授法、情景分析法、讨论法等方法相结合。采用动漫、图片、诗歌等材料，设置问题情境，激发学生的学习兴趣，充分发挥学生的主体地位，使学生积极主动地参与到课堂教学活动中，引导学生分析问题、讨论问题，使学生领会文本知识，培养学生的各种能力。

◎ 教学手段：多媒体课件。

【教学过程】

教学过程概述

导入新课：
我们一起来欣赏动漫片《孟母三迁》，看看说明了什么问题？

（一）文化影响面面观

1.文化对人的影响的来源。

来自特定文化环境。

2.文化对人的影响的表现。

（1）文化影响人们的交往行为和交往方式。

阅读教材13页最后一段文字，思考以下几个问题：

①人们在交往的过程中，显现差异的主体是什么？

②导致这些差异的原因是什么？

③表现差异的事物是什么？

图片展示（礼节意义）

师：不同民族、不同地域的人见面、待客礼仪不同。这说明了什么？

生：说明文化影响人的交往方式。

师：人们交往中礼仪的不同，显示文化影响的不同。这里的文化影响是取决于价值观念还是风俗习惯？

生：风俗习惯。

图片展示：元妃省亲

师："元妃省亲"的事例说明了什么？

生：取决于价值观念。

图片展示：中国人和西方人的用餐习惯

指导学生观察教材中不同的用餐画面，请学生讨论：从这两幅画面中，可以发现哪些文化的差别？学生讨论，回答：中国人用筷子吃饭，西方人用刀叉。

师：表面上看，这是人们用餐习俗上的不同，从文化的角度看，实质上是东西方文化的区别。

图片展示：指导学生观察"秦始皇陵出土的铜车马"

提问：人们参观兵马俑时，对其的认识既有共同之处，又有一定差异。为什么？

归纳学生回答：其共同之处是惊叹两千多年前，我们的祖先能创造出如此精美绝伦的文化产品；其差异是不同的人从不同的侧面来看兵马俑的价值，有美术、军事、冶金技术等角度，也有深度、广度。这反映了文化对人的思维方式的影响。

（2）文化影响人的实践活动、认识活动和思维方式。

学生讨论教材15页第一个探究活动。

教师归纳：互换礼物表明交往方式的差异。中国人较含蓄，西方人较爽快。名字的写法表明思维方式的差异，中国人将姓放在名前，表示对父母及先人的尊重西方人的呢？中西方"写信封"的不同既属于交往差异也属于思维差异。

大家阅读教材14页倒数第二段，边阅读边思考：

①构成文化影响的主要因素有哪些？

文化环境、知识素养、价值观念

②形成思维方式的过程和条件有哪些？

知识、观念、情感和习惯共同作用

③相对稳定性，反过来又影响人们的认识和实践。

（二）文化对人的影响的特点

学生思考、讨论教材15页第二个探究活动。

教师归纳：游览泰山是一种文化体验。泰山是一座人文景观丰富、历史底蕴深厚的名山，有丰富的崖刻、寺庙、古迹人物、诗人墨客遗迹和历史名人趣事，游览泰山，能够在潜移默化中得到熏陶和感染，让人们感受到祖国山河的壮丽和历史文化的悠久。

（1）文化对人的影响具有潜移默化的特点。

文化对人的影响具有潜移默化的特点，一般不是有形的、强制的。

①文化氛围的无形作用

人们总是要在一定的文化氛围中生活，包括家庭、学校、社区等。文化氛围看不见、摸不着，却无时无刻不在影响人们的思想和行为。思想的启示或困惑，精神的享受或失落，许多是产生在潜移默化的过程之中的。

②人们主动接受健康向上的文化影响

文化的作用是双重的，先进的、健康的文化促进社会的发展，落后的、腐朽的文化则会阻碍社会的发展。所以，我们应该主动、自觉地参与健康向上的文化活动。参加健康向上的文化活动，不仅能够使人得到精神上的愉悦和情操上的陶冶，也能提高人的审美水平和道德素养。

展示材料：贺知章写的《回乡偶书》

"少小离家老大回，乡音无改鬓毛衰。儿童相见不相识，笑问客从何处来。"

学生思考：诗中的乡音无改说明了什么？

教师归纳：说明经年累积形成的文化习俗对人的影响是难以抹去的。文化对人的影响是深远持久的。由此，我们可以得出文化影响的第二个特点。

（2）文化对人的影响具有深远持久的特点。

①文化对人的交往方式、思维方式、生活方式的影响是深远持久的。

经年累月形成的文化习俗对人的影响是难以抹去的，无论表现在交往方式、思维方式还是表现在生活方式的其他方面，都是深远持久的。

学生思考、讨论教材17页的探究活动。

教师归纳：教材中的图片是电视剧《钢铁是怎样炼成的》中的一幅剧照，这段话是苏联作家奥斯特洛夫斯基在该书中写下的一段名言：这部著作深深地影响了几代革命青年的成长，这段名言生动地刻画了几代人的世界观、人生观、价值观。

②世界观、人生观、价值观是素养的核心和标志。

一个人的世界观、人生观、价值观是在长期的生活和学习过程中形成的，是多种文化因素相互影响的结果。文化对人的影响是深远持久的。但这并不是说，人们的世界观、人生观、价值观一经形成就不会改变。随着人们生活阅历的变化，人们文化素养的提高，人们的世界观、人生观、价值观念都会发生相应的变化。

（三）课堂小结

本节课主要讲述了文化对人的影响及其特点，通过学习，我们知道文化影响人们的生活方式和交往方式；文化影响人们的实践活动、认识活动和思维方式；文化对人的影响具有潜移默化和深远持久的特点。下面我们来归纳这节课的结构：

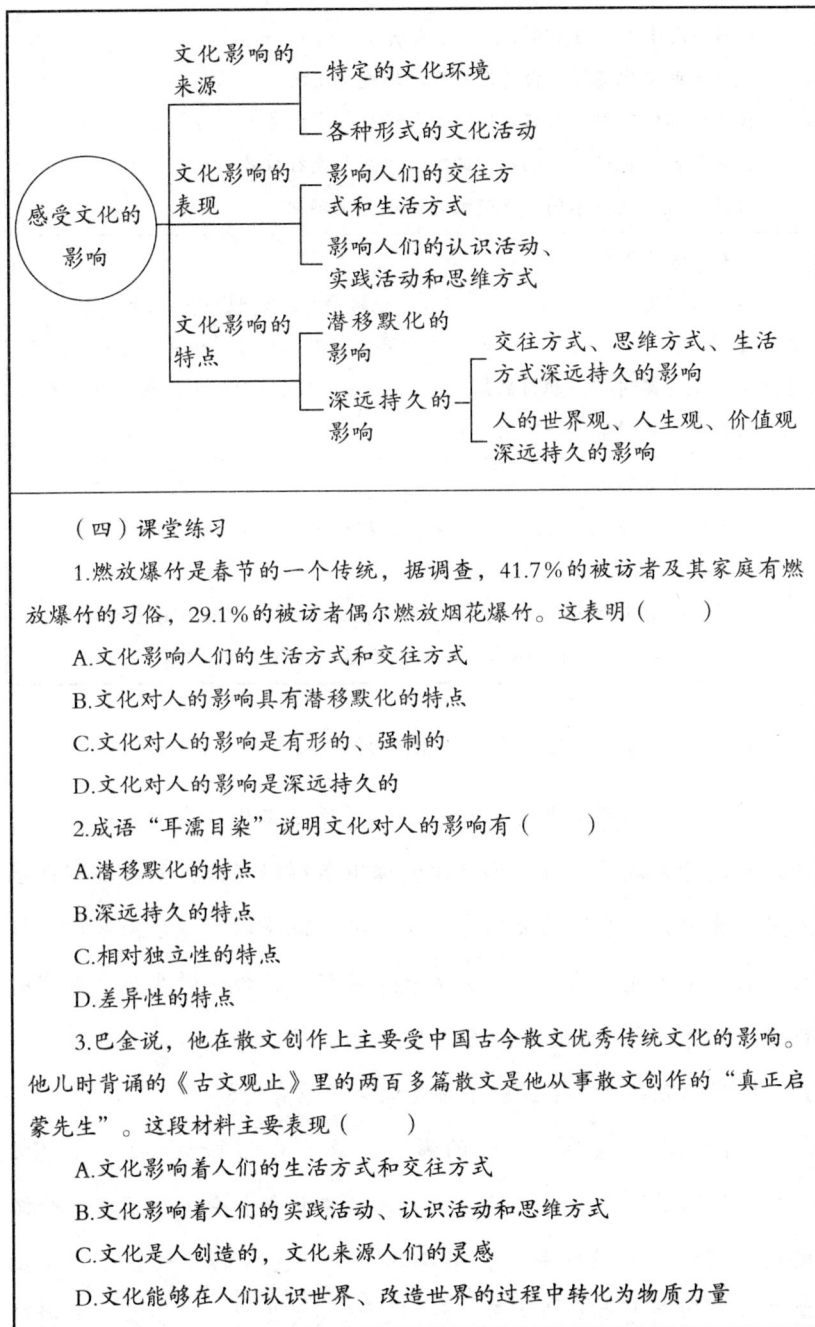

感受文化的影响	文化影响的来源	— 特定的文化环境 — 各种形式的文化活动
	文化影响的表现	影响人们的交往方式和生活方式 影响人们的认识活动、实践活动和思维方式
	文化影响的特点	潜移默化的影响 深远持久的影响 —— 交往方式、思维方式、生活方式深远持久的影响 人的世界观、人生观、价值观深远持久的影响

（四）课堂练习

1.燃放爆竹是春节的一个传统，据调查，41.7%的被访者及其家庭有燃放爆竹的习俗，29.1%的被访者偶尔燃放烟花爆竹。这表明（　　）

A.文化影响人们的生活方式和交往方式

B.文化对人的影响具有潜移默化的特点

C.文化对人的影响是有形的、强制的

D.文化对人的影响是深远持久的

2.成语"耳濡目染"说明文化对人的影响有（　　）

A.潜移默化的特点

B.深远持久的特点

C.相对独立性的特点

D.差异性的特点

3.巴金说，他在散文创作上主要受中国古今散文优秀传统文化的影响。他儿时背诵的《古文观止》里的两百多篇散文是他从事散文创作的"真正启蒙先生"。这段材料主要表现（　　）

A.文化影响着人们的生活方式和交往方式

B.文化影响着人们的实践活动、认识活动和思维方式

C.文化是人创造的，文化来源人们的灵感

D.文化能够在人们认识世界、改造世界的过程中转化为物质力量

第一辑　教育教学感悟

4.不同民族待人的礼节不同，这表明（　　）

A.特定的文化环境是由特定的经济环境决定的

B.文化环境不同，人们的生活方式和交往方式肯定不同

C.不同的文化环境影响人们的生活方式和交往方式

D.各民族的礼节不同，反映的内涵也完全不同

（五）课后作业

以"校园文化对我的影响"为主题，组织学生在校内进行一次调查活动。

活动目的：让学生了解校园文化主要包括哪些内容，这些内容对学生产生哪些影响（既可以是积极的影响，也可以是消极的影响），在调查的基础上为校园文化建设提出合理化的建议。

（六）互动要求

1.各班分成若干小组，以组为单位，组长负责组织，组员分工协作，共同完成此次活动。

2.调查前要设计好调查提纲，活动要有记录（文字记录或音像资料）。

3.活动结束后，要有调查报告，并将合理化建议提交学校。

附一：《感受文化的影响》教学评价

听了特级教师倪史标老师所上的《感受文化的影响》一课，回顾教学设计和教学过程，感觉这堂课准备得很充分，实施过程也很流畅。其中，这堂课最大的亮点是抛弃"满堂灌"，采用多媒体辅助，引导学生通过情境体验完成教学目标，体现了学生自主探究的新课程理念。这节课具有以下特点：

1.不拘泥教材，根据教学需要调整了原有结构

研读教材，《感受文化的影响》是《文化生活》第二课《文化对人的影响》的第一框题。第一课《文化与社会》从宏观上介绍文化与经济、政治的关系，第二课《文化对人的影响》则是从微观角度介绍文化与人的关系，特别是强调文化对人的影响。教材设

计了三目。除了第一目以外，另外两目根本不适合做一个目标题，于是他把这两个放到了一起，换了一个标题，叫作"文化影响的特点"。如此一来，本框题的内容层次就很清晰，也便于学生理解。他把第一个标题改成了文化对人的影响的来源，这样整节课的内容就分成了三大块：文化对人的影响的来源；文化对人的影响的表现；文化对人的影响的特点。其中，文化对人的影响的特点：文化对人的潜移默化和深远持久的影响是本节课的重难点。为了让学生理解这两个特点，有必要举比较多的例子，如古诗等。此外也可以让学生说说他们身边的事情，知识来源生活，又要回归生活。

2. 采用情境导入法，激发学生的学习求知欲

配乐播放短片《孟母三迁》，让优美的旋律带领学生进入课题，能充分调动学生学习的积极性和求知欲。学生都熟知《孟母三迁》的故事，基本上都能够用自己的语言来谈原因，只是他们的答案逻辑性不强，随意性较大。针对这种情况，倪老师适时加以引导，把他们的答案进行重新组织，让答案与教材的知识点发生联系。最终，学生很清楚地体会到，孟母多次搬家，是因为她意识到文化环境会对人形成无形的影响，这种影响就叫作"潜移默化"。之后他又跟学生分析，文化对人的影响是潜移默化的，但不代表文化对人的影响是被动的、消极的，相反，人是主动、自觉地接受文化影响的。之后他又启发学生，既然人们可以主动、自觉地接受文化的影响，那我们就应该学会选择，在日常生活中选择接受健康向上的文化的影响。

3. 设置探究活动，对学生进行引导、启发

倪老师设计了以学生为中心的教学活动，主要以课堂探究为主，旨在引导学生通过情境体验完成各层次的教学目标。

探究材料一：通过分析西方人和中国人文化差异的图片，探究"文化是怎样影响人的"（即文化影响人的来源和表现）。

探究材料二：从传统节日春节的习俗到贺知章《回乡偶书》中的"乡音无改鬓毛衰"，营造了特定的文化氛围，师生共同感受文化影响人的第二个特点"深远持久"。同时联系我们潮汕本土的文化传统，世界上只要有潮汕人的地方就有工夫茶，还有定居海外的华人华侨，他们在生活方式和习俗方面仍然表现出中华文化，比如使用筷子、过春节贴对联等。

4.贯彻新课标理念，提高学生的思想道德修养，这也是本课的情感价值目标。倪老师举了《钢铁是怎样炼成的》故事和雷锋精神两个案例，通俗易懂，不仅丰富学生的信息，同时也引导并培养学生搜集、整理材料的能力。之后在学生列举事例的环节中，能感受到学生已经深刻地理解了"文化对人的影响程度之深、空间之广、时间之长"的含义。于是倪老师又趁机引导学生认识世界观、人生观、价值观对人的影响是非常久远的，一旦形成便很难改变。学生都主动参与课堂的讨论和思考，既完成了知识和能力的目标，又实现了情感、态度和价值观的目标。

附二：《感受文化的影响》教学评价（广东普宁华侨中学省特级教师黄旭东老师）

对于《感受文化的影响》这一课时，倪老师是从生活中具体的事例入手介绍的。他根据学生的生活实际和第一课所学，设计了以学生为中心的教学活动，主要以课堂探究为主，引导学生通过情境体验完成教学目标。所以这堂课的优点是设计了切合学生实际的探究活动。

尽管倪老师设置了自主探究问题，却没让学生真正"自主"，采取的是师生的"对答互动"，没敢"真正放手"。希望在以后的课堂上，能真正让学生"自主学习、合作学习、探究学习"。实施过程中的细节问题难免会存在一些失误，今后需要进一步洞悉教材，根据课标和教参去设计尽量完备的教案，组织精彩的课堂。

课堂需要价值引领

——我的教学思想的再次提炼

近年来，著名的"钱学森之问"时常拷问着当前的教育，也拷问着所有具有教育情怀的人。

在这样的背景下，江浙、京津一带纷纷出台政策或方案培养未来的教育家和名教师。我们广东也不例外，启动新一轮百千万人才培养工程。我很幸运，通过层层筛选，终于进入省高中文科名师培养对象的行列。

所谓名师，是对所教学科具有系统的理论基础知识和丰富的教育教学经验，精通业务，严谨治学，教育教学成绩显著，教育教学观念新颖，特色突出，教学艺术精湛，有自己的教学风格及教学思想，得到本地区同行的广泛认同并产生良好的社会影响，能在本地区起到示范引领作用的人。

拥有自己的教学思想是名师的显著特征。何谓教学思想？教学思想是人们对教学现象和教学问题的理性认识，大都体现在教学理论、教学学说、教学理念等方面，其主旨是要对教育实践产生深远的影响。

作为省名师培养对象，我的成长与其他教师一样，经历了从青涩稚嫩，到拥有自己的教学特点，再到形成自身的教学风格的过程，并逐步提炼出自己的教学思想。

入职以来，我认真研究各年级的教材和课程标准，学习中学政治教学法，追踪本学科的科研信息，积极参与各项科研课题的研究。入职后的前十年，我努力学习教育教学理论，认真总结实践，根据一个教师应该拥有的基本技能，日复一日地围绕上课的环节重复练习。而后，我注重向课堂45分钟要质量，积极探索并形成自己的教学特点，具体为"三讲清"——讲清知识点，讲清知识点与知识点之间的联系，讲清理论与实践的运用；"三着眼"——着眼于基本知识与基本技能，着眼于课堂当堂消化，着眼于抓两头带中间；"三改变"——改变一讲到底，鼓励学生多动脑、动口、动手，改机械划一的教学为生动丰富、新颖多样的教学艺术，改变评价的单一性，从用分数评价转为多样化评价。

近五年来，我在原有的教学基础上，不断探索，积极尝试探究式学习，培养学生运用政治理论观点评论时事形势和剖析社会现象的能力，教学生学习方法，鼓励学生参与社会实践，让学生尝试写短评，逐渐形成了自己的教学风格。

提炼教学思想是指从纷繁复杂的教育教学现象中，将丰富的教学实践性知识系统化、理论化，提出自己的教学主张和科学的教学思想，以指引广大教师有效地从事教育教学实践，实现自己与同行专业发展的良性互动。提炼教学思想，是名师走向专业成熟的必由之路，有自己的教学思想，是名师的名片，是名师的印记与符号。

教师专业发展的更高要求，是不仅让自己的学生受益，让身边的同事受益，而且要发挥更大的引领作用，让广大同行受益。这就需要教师能够在实践中不断进行系统的经验总结，把经验总结上升到理论的高度，从中提炼自己的教学思想。因为经验毕竟是个性化的东西，某位教师的经验，对别的教师不一定起作用，而就教学思想而言，其具有普遍性，对别的教师甚至别的学科的教师的指导作用和借鉴意义更大。教师要形成自己的教学思想，并非一朝一夕能做到的，而是要通过长期的苦练积习才能形成，它的形成是受条件制约的。一是要立足实践，脚踏实地，兢兢业业地做好身边的每一件事，要拥有丰富的教育教学记忆，要从教学案例中发掘规律。名师的教学思想不是凭空产生的，而是基于自身的教学实践与探索，需从自己积累的典型教学案例中去发掘，针对不同的教学主题，通过对"我教了什么""我怎样做""为什么要这样做"等问题的解答，归纳教学成功的原因和有效的教学策略。更重要的是，要通过这些现象，发现教学的本质，归纳教学的规律。我于1995年参加工作，一开始观摩同行的课，研讨他们的课，借鉴他们的好方法和风格特色，也会审视自己所上的每一节课，虽有稚嫩青涩之处，但有时也会闪烁出思想的火花，于是便以专业视角加以提升。在每一节课的教学过程中，有时预设会根据教学环境而生成，能够达到目标，但有些也是随时生成的。教育教学灵感的发生总是在丰富而生动的情景中出现的，相同的教学内容，面对不同的教学对象，在不同的场景中施教，制定的目标、采用的策略、产生的效果便可能有所不同。因此，教师在梳理教学主张时应再现情景，做客观理性的分析，否则教学思想就会成为无本之木。二是要重视写作，善于梳理和总结自己的工作，把平常点点滴滴的感悟及思想及时写下来。很多时候，从写教学反思中提取教学思想，就是一种提炼与提升。美国心理学家波斯纳指出：教师成长的公式是"成长＝经验＋反思"；华东师范大学叶澜教授说过，"一个教师写一辈子教案，不一定成为名师，如果写三年教学反思，倒有可能成为名师"。反思，是教师对自己的教学实践和周围教学现象进行的适时审视和思考，反思有助于丰富教师对实践性经验的认识。但是，缺乏理论支撑的反思也会让教师陷入无效的实践中。因此，教师需从教学经验中梳理脉络，形成教学经验体系，并对教学经验的本质进行提炼，形成自身的教学思想。

名师的成长，离不开理论的提升，而理论提升源于经验总结的提炼，源于在反思中总结提炼，也源于课题研究。课题研究有助于教师锁定一个主攻方向，用科学研究的方式发现问题、分析问题、筛选问题，检索文献、设计方案，撰写申请报告、开题报告、解题报告。课题研究初期可以循着其他名师的道路，做验证性研究，逐步形成自己的研究思路。在研究过程中，可锁定关键问题，深入学习并运用一种或若干种研究方法进行研究。课题研究的整个过程离不开思考、研究、撰写报告及论文，在研究的过程中思考问题、解决问题，再发现新问题。总之，要在课题研究、撰写报告、论文及经验总结中逐步形成自己的教学思想。

教学思想是在生动的教学情景中生成并运用的，要想把鲜活的情景记叙下来，我们可以从教学叙事开始，认真思考，加以提炼，用理论予以支撑，如此便可形成自己的教学思想。

此外，教师必须勤于阅读、善于阅读，要从阅读中汲取思想的养料，提升自己的理论水平。作为名师培养对象，教育教学方面的理论知识要学习，中外教育思想史要了解，以夯实理论基础；名师传记，特别是知名的教育家，以及政治历史等社会人文方面的书籍要阅读，特别是哲学与教育方面的书籍，有利于提升自身素质；有关人生修养、志趣等方面的书籍，也要有所涉猎，以滋养灵气。

教师不仅要读书，也要读人。确定自己的专业偶像，研读自己倾慕的教育家、教学名师的专著，了解名师的故事及其人格修养，从名师身上汲取教学智慧及精神营养。要经常与同行交流，探讨问题，探寻策略。也要悉心指导青年教师，从他们身上学习新理念、新技术，分析新问题。

要成为名师，我们必须跳出学科。一位不能跳出学科看学科的教师，在自己的专业路上一定是走不远的。只有站得高，才能看得远，跳出学科看学科，我们才会发现，外面的世界其实真的很大，也很美丽。多学科的交融，能够培养学生的跨界思维，而教师自身的专业成长也应朝着这个方向努力。第二次集训期间，我们还把教育家班、名校长班、高中文理名师班放在一起集训。在这个大集体中，学员遍布全省每个地级市，有乡村的、有省研究院的专家，也有华附、省实的学员；有基层的教员，也有教研员；有名校长，也有从小学到高中各学校各学科的学员，这种异质的组合让思想的火花得以碰撞，让我们能够进入到不熟悉的环境中去思考问题。这有利于我们思维品质的提升，打破了传统习惯的思维定式，引发了我的思考：我是否应该进入学前、小学、初中、高中不同学科的课堂中去体验，从中寻找点什么？

积极参与有关教育、教学的高峰论坛，能够帮助我们从中批判地吸收当前教育教学名家的思想，能够与同行在教育教学思想上不断相遇、碰撞与升华，能从教育的本质中悟出"道"。

教育教学思想的提炼与形成，离不开宏观层面的政策背景，也离不开自己耕耘的学生与课堂。在第二次集训中，学院进行了巧妙安排，刘复兴教授从国家的宏观层面讲解了《创新发展与教育创新》。而著名班主任、特级教师李镇西则从微观的教育教学叙事的精彩片段中提炼了他的教育思想——幸福比优秀更重要，兼谈自己的成长轨迹。

教学思想的提炼，离不开上述路径，一是要立足实践，二是要善于写作，三是要勤于阅读，四是要有跨界思维。

作为一名政治教师，谢绍熺主任曾说："教学思想应从德育回归生活，从德育教化方面来引导我们去思索"；从习近平总书记在哲学社会科学工作座谈会上的讲话中去寻找有价值的东西；更应从当前新一轮的教改——关于培养公民核心素养与学科核心素养关系中去探索。

教学思想需要教育哲学做支撑，喜欢哲学的朋友都知道，中外许多思想家、哲学家也对教育颇有研究，他们大都是了不起的教育家。

教学思想非一朝一夕之功，它需要我们不断地学习、借鉴，结合自身的实践，在实践中总结，在总结中提炼升华，是穷其一生的事。

既然我选择了三尺讲台，就要让它发挥应有的价值，让我的课堂充满生活气息，让我的学生付诸行动。也就是说，课堂需要价值引领，这权当是我所谓的"教学思想"。

用激情点燃激情，做时代的追梦人

大学毕业后，怀着对家乡的感恩与眷恋，我选择了在远离县城数十公里的乡村小镇拿起教鞭。

乡村的寂静，使得教书、读书、写文章、进修学习成了我在生活中最常做的事儿。

恰好碰上了一个好时代。

2014年底，抱着试试看的想法申报省百千万高中文科名教师培养对象项目遴选，我最终幸运地成为25人中的一员。

启动仪式那天，我感到无比亢奋，同伴、导师都是在省内颇有影响力的，与他们相比，我的差距之大、压力之大，以致我怀疑自己能否待到结业。

在导师的指点下，我把近20年的教学经历进行盘点，把自己的教学进行了提炼，探索教法，即培养学生运用思想政治理论观点来点评时事热点的能力，教给学生学习政治的方法，鼓励学生积极参与社会实践。注重向课堂45分钟要质量，积极探索形成自己的教学风格，具体为："三讲清"——讲清知识点、讲清联系、讲清理论在实践中的运用；"三着眼"——着眼基础、着眼当堂消化、着眼学科素养的培育；"三改变"——改变夸夸其谈、罗列知识为突出重点、把握规律，改变一讲到底为学生动脑、动口、动手，改变机械的教法为生动丰富、新颖多样的教学艺术。注重学生个体差异，适性扬才，为学生的健康成长搭建平台，在认知与实践中坚持正确的价值导向。

赴台的交流学习，有着值得回忆的一幕一幕。除了在台学习交流写日志、写考察报告、写总结、写论文，大多数学员还要完成单位的繁重工作，尽管累，但感觉他们是快乐的，谁都没有抱怨过。

台湾之行，让我感觉到作为教育工作者，我们需要的是情怀，是信仰，是热爱。做教师原来是如此美好。台中市卫道中学的林美贞在学校服务了四十多年，仍激情如初，与我们同台切磋。在那里，我深深地感受到教育之美是适性扬才，鱼是不能与鸟比飞翔的，每个鲜活的学生都有其独特的一面，这深深地改变了我的教育教学理念。在台湾的学习交流中，我记了数万字的日记，深刻地意识到，赢家正是在做关乎自己成长的事，要成为独特的赢家就必须做自己喜欢的事。赢家不是单数，而是赢家们；赢家不是非得抢第一，而是要成为唯一，成为真正的自己，让世界因你而更好。

赴美交流学习我了解到，美国有许多学校学习了东方智慧，包含许多中国元素。这让我深深感受到的是——教育并不是一味地模仿，而是要找到适合自己的路径。

"省百"每次送教下乡，都有许多感人的故事，每一位同伴都是怀着对教育的敬仰，风里来雨里去，把这件事当作自己的责任。作为优秀教师，我们更应该自觉地引领、示范，让更多的教师充满激情地投身于教育。2018年6月，李细娟、高春梅、揭振东从粤东往粤西一路送教，也来到我所在的单位——汕头市潮南区砺青中学，这使我深受鼓舞。2019年1月，赴美"省百"学员也来到汕头市潮南区砺青中学开办成果交流会，把最好的教学成果带到最有需要的地方中去。其间，左璜博士应邀为当地教师做讲座，这深深鼓舞并激励了我这名乡村教师。

每次外出培训学习都有新的收获，每次送教下乡都有不同的体悟，每次交流都有思想的碰撞与交融，就在这样周而复始的工作中，我收获了智慧，收获了友谊，收获了对教育的新认知。

自从参加了省百千万高中文科名教师培养对象项目以来，我坚持不懈地努力，带领青年教师开展课题研究，研究领域涉及教师专业发展、校园文化、学科教育教学等，并取得了一定的成果。

2018年4月，我被遴选为新一轮省名教师工作室的主持人，把引领示范落到实处。

自工作室开办以来，我把学员的培养与学校科组成员的培养融合在一起，也带领区域内的学员一起学习、研修，共同成长。带领学员下乡送教累计近40人次，工作室成员参与区级以上公开课、示范课累计达15次，学员参与市模拟考试命题工作，参与编写教辅资料，还带领学员参与省、市科研项目，取得一定成效。其中较为优秀的学员有郑勇义，他在2018年被评为高级教师并获潮汕星河辉勇师表奖，主持市重点课题并已结题；毕业刚满三年的庄晓婷参加区、市"优课"活动并获奖，参加市青年教师基本功比赛获三等奖；杨薇、陈秋贤承担区性公开课并获得好评。涌现出了张泽锐、邱经祥、肖丹升等一批教学教研积极分子，工作室及科组取得的成绩得到了同行的肯定。

科组在探索学生学习方法、解题思路与技巧以及学科兴趣小组的建设等方面也取得了一定成绩。通过引导学生了解项目、学习相关文章、撰写研究心得、体验真实情境、重新总结提炼，让学生在认知与情感的统一中践行学科价值，从而激发学生学习该学科的兴趣。在科组的努力下，2019届高三学生在市模拟考试中的平均分位列该区公立学校第二名，受到同行的好评。

　　工作室与薄弱学校签订帮扶协议，定期通过开讲座、听评课、同课异构、学术沙龙等形式对汕头市潮南区田心中学、汕头市潮南区司马浦中学、汕头市潮南区仙城中学等学校展开帮扶，效果良好。

　　总之，在这几年省百项目的学习中，我收获了师生情、同窗情，收获了对教育事业的新认知，明确了自身的责任与使命。

　　谨记：往后，不仅要让自己成长，让自己更优秀，更重要的是要甘当师生健康成长的引路人，引领一批批青年教师不断挑战自己，不断成长，走向成熟。

春华秋实，来日可期

——顾英老师公开课有感

顾英老师从教20多年了，2004年曾主编《魔法英语》，是英语教研组组长，兼高二（6）班班主任，担任两个班的英语教学任务。

顾老师承担区性公开课，并不是他主动要求的，而是我觉得由他承担公开课，一是能够给本校青年教师一个展示交流的机会，让青年教师明白，顾老师是有情怀并热爱他的课堂的；二是可以请区局专家、兄弟学校同行给他指出需要改进的地方，帮助他进步，更快更好地促进他专业成长。

对于顾老师承担区性公开课，学校有些同事觉得惊异：顾老师既然不需要评职称了，开课岂不浪费了学校名额？我觉得不然，换句话说，开公开课仅是为评职称服务的吗？显然不是，承担区性公开课，其真正的意义在于对青年教师起引领示范作用，探索构建符合学生实际的有效课堂，更好地服务于学生，达到教书育人的目的。

在准备的短短两三天时间内，顾老师征求我的意见，与我探讨公开课要怎样上，是传统型的还是创新型的。无论是什么样的课型，都要服务学生的发展，激发学生的思维，让课堂灵动起来，以问题为导向，让学与教有机地结合起来。我认为构建一种模式化的课堂是值得思考的，也是我们今后努力的方向。

我相信，构建一种模式化的课堂，在顾老师引领下的科组不久将会有雏形，会成长，会结果。

作为一名教改的探路人，我期待着，他不久会有一些新的成果……

偶谈艺术教育

也许是经历太多，我喜欢用心观察身边的事，特别是和教育沾边且与高考没有太大关联的事情，因为这是无功利的、淳朴的、本真的，透过事件，我们往往能捕捉到其中的规律。

在成长的过程中，我曾经担任过刚刚创建的晓升中学的体卫处副主任、主任。新学校，新起点，真的是可以一展宏图干到底的。每学期一次的书画展、每年一度的运动会、一年一度的歌手大赛，适时的赛事，使学生的才华得到了施展。从美术兴趣小组到美术班的创办，自学校有高考学生以来，每年都有学子考上重点艺术学院，特别是2010年的高考，郭×如同学考上了清华大学美术学院服装设计系，晓升中学的美术班已经成为学校乃至区域的一张名片。

我到砺青中学将近一年，图书馆二楼的书画兴趣小组所呈现的油画作品，使我深受震撼。此外，而学校前期只有一任音乐老师，却能组织学生参加第二届区音乐器乐展演并获一等奖，且在砺青建校八十周年的文艺汇演上让众多的校友惊叹。

指导老师辛勤努力，带病辅导，为他们的演出奔波劳顿，倾注心血，吃药、打点滴，还在坚持。"舞台比天大"在这里得到了印证。会演结束后，拖着病躯的老师等家长领回演出的学生后，已是深夜，她用行动诠释了有爱才有教育。这怎不让人为之震撼？

不经意间，我和同事谈起了艺术教育。

搞艺术的人，大多经常提及这几句经典的话：一是只有本土的或是民族的，才是经典的，才是世界的。潮乐、潮剧都是唐宋遗风，很值得研究。华瑶的乐团已经在本土有了相当的影响，是一张名片，不仅上了央视，也走出了国门。这是否给我们砺青中学的艺术课以借鉴呢？二是你的心有多大，舞台就有多大。这句话是我的至爱，曾经作为我的座右铭，鼓励我不断前行。

东里古寨的建筑风格——百鸟朝凤、栌溪的壁画、大寮的嵌瓷，都是当地建筑艺术的瑰宝，有的已收入高校的建筑或艺术教材，这引发了我的思考：我们的教学是否也可以跨学科，集合地理、历史、美术、音乐、政治等老师一起来开发这些乡土教材？

教育科研是教学发展的内需动力

苏霍姆林斯基说过，如果你想让教师的劳动能够给教师带来乐趣，使天天上课不至于变成一种单调乏味的任务，那你就应当引导每一位教师走上从事研究的这条幸福的道路上来。

以教促研，以研导教，是教师专业发展的必由之路。

在教育教学中，我们发现问题，分析问题，提出解决问题的方法，以及解决问题的意义，这便是教育科研了。每位教育工作者若能自觉自发地做一些力所能及的教育科研工作，对自身及所在学校定能发挥积极的作用。

但有些老师认为没有时间、没有条件搞教育科研，甚至把这些当成是高校教师的事，这是错误的认知。

针对不同的教育教学领域，一线教师作为个体，发现了问题，针对问题提出解决的思路，再通过教学实践检验这些途径与方法是否有效，不断修正、不断总结提炼并有了自己的教育教学成果，这就是在做科研了。个人也可以做一些力所能及的微课题，并且搞教育科研与抓教学质量是相辅相成的，不会影响教育教学质量。

诚然，若志趣相投、三观一致，对一些教育教学问题有各自的思考或感想，我们可以组建教研共同体、组建课题组，而不在乎能否立项。只要一起做，也不在乎谁主持，不在乎排名次序，只要我们推荐一位有责任有学识、有服务意识的同伴担任主持人，我相信是会有收获的。

2021年7月，我们学校共有4个课题结题，包括市教育规划课题三项，其中一项是市重点课题，一项是省级课题。参与研究的教师达40余人，其中有最初为了评职称但在参与的过程中不断成长并滋生了兴趣的，也有一些是本身对教育教学兴趣浓厚的，当然也有一部分确实只是为了自身晋升的。

只要是真正地搞教研，就一定会发现问题。而解决现实的教育教学问题，最终又会帮助师生共同成长。

努力学习，更好地服务师生

——读《依靠学习走向未来》有感

学习了习近平总书记《依靠学习走向未来》讲话，我认为学习是非常重要的，也应该是全面的、系统的。当前科学技术日新月异，从客观上要求学习是多个领域的，跨学科知识的融合也是当前课程改革的必然趋势。就目前而言，我国与国外知名高校联合办学也倾向于学科融合与创新。

学习要向书本学习，我们从书本中获得已知知识并指导实践，也要从实践中总结经验，不断探索，以此检验书本的知识。

作为人民教师，我们要忠诚于人民的教育事业，不断向人民群众学习，向课改专家学习，向同事学习，甚至向学生学习，这样才能更好地服务于教育教学事业，培养更多更好的优秀人才。

作为省百千万人才培养工程高中名师培养对象，我曾被省教育厅选派赴台湾、香港等地交流学习，也赴国外学习，了解国外的课程设置，学习其先进的课改经验。当然，我也在不断地思考，我们应该学习别人什么？经过整理、总结、反思，我认为我们应该是有选择地学习和吸收，最重要的是要结合地方实际，通过实践将所学转化为自身的东西。

我们要学习理论，因为理论是实践的方向标，只有树立正确的世界观、人生观、价值观，才能有科学的方法论，才能更好地指导实践工作。

我们也要敢于向实践学习，从校情、地方实际出发，不断探索，在实践中提炼、总结、升华。

不断学习，此生愿做有思想的践行者，为地方教育事业尽微薄之力。

重视人才孕育，更好服务社会发展

2015年、2018年、2021年广东省分别评选三批特级教师，汕头市分别评选通过13人、28人、29人，而邻近的揭阳市分别评选通过15人、21人、21人。潮阳区分别通过1人、1人、3人，潮南区分别通过1人、3人、5人。

2015年以前，汕头市在各批特级教师的评选中，通过人数比珠三角地区少得多，与汕头在粤东地区的中心地位并不匹配。近十年来，我们市区教育主管部门比较重视队伍建设，千方百计为教师的成长搭建平台。就教育这一个行业而言，对于人才的培育，我提出个人的几点看法。

一、政策宣传，营造尊重人才的良好环境

在各条战线、各行各业，从业人员都要认真学习各级党政机关制定的相关人才政策，培育发现人才的各单位要给予肯定表彰，营造尊重人才的良好环境，可结合汕头市对高层次人才认定的做法执行。全区对各条战线的人才进行全面认定，对已经或长期为潮南区

建设奋斗的各类人才给予奖励，并给予一定的政治待遇，如在区市党代表、人大代表、政协委员中要有各条战线的人才，让他们引以为豪。

二、定期或不定期培训人才，让人才不断成长，再立功勋

对全区管理人才的干部进行分类培训，让他们有发掘培养本土人才的热情、激情，为人才的成长搭建更好的平台，激发新时期人才各自的担当，给潮南区的建设再立新功。

三、处理好"引才"和"育才"的关系，让人才安居乐业、安心工作

新区的发展需要更多的人才，特别是技术人才以及管理人才，我们不仅要引才，给外来人才更好的优惠政策，解决他们的困难，让他们安下心来工作，服务潮南的社会经济发展，也要重视培养本土人才，让他们感受到当地政府对他们的重视与关怀。

四、做好人才团队的搭建，让人才孕育更多的人才

可结合当地社会经济发展的需要，做好人才团队的搭建，孕育更多更好的人才，让人才做好示范引领的辐射作用。

以教育为例，这几年汕头市党政重视人才的培育，每三年一个周期，成立名师工作室；工作室由一个主持人以及若干骨干成员组成，服务区域内教师的教、研、学，产生了很好的效益。每年市财政划拨了200多万元用于市名师工作室的正常运转，已在省内产生了较大的影响。两批特级教师的选拔在数量和质量上都得到了省内各

级领导的肯定。区党政也高度重视，已成立的首批名师工作室教研效果明显，在大潮阳已有了影响力。建议在医疗、教育、文化等战线中组建工作室，让团队做好引领、示范、辐射作用，相信效果一定是有的。

五、关注人才成长规律，做好人才成长的服务、跟踪、考评

关注人才成长的规律，为人才的成长创设良好的工作环境，为他们的成长做好服务，特别是当地党政领导，要让人才成为当地发展的智库，定期、不定期地召开人才工作座谈会，倾听各类人才在发展中碰到的问题，并帮助解决，让人才为当地发展建言献策。对人才的成长要做好长期的跟踪，给予他们更多锻炼的机会。如一些技术性比较强的行业，可让品德高尚、业务精湛、有领导力的专业技术人员担任主要领导。

对各类人才进行考评，考评中涌现出的各类优秀人才，可在电视台或其他媒体进行宣传。

第二辑

研修学习心得

文化管理在学校管理中的运用

文化管理是指管理者站在组织发展的战略高度，从文化的视角研究管理对象和自身利益，从而建立一套以东方文化为核心的系统管理模式。文化管理的基本理论是：组织是一种文化体，是社会文化最基本的单位，文化功能是它最基本的功能；组织是"文化人"建构的精神家园，管理者理应使人的精神回归到社会纯朴的文化之中，使人的精神体现社会、民族和地方文化价值；组织是一个相对独立、统一和稳定的文化体，它所形成的文化精神将以不变应万变的风格体现管理的哲学意蕴。

文化管理的主要措施有：审视组织的文化底蕴，发掘组织的文化精神。通过组织文化的发掘或创建，使全体员工形成共同的文化理念；树立组织的文化形象，使组织真正具有社会、民族和地方文化功能，并通过系统化的文化活动展现组织的品格与风采，使所有员工都能品味到组织文化的温馨；创建文化家园，充分认识人在组织中的文化功能，使"文化人"的精神得以回归，使员工能在组织中有精神的归宿，从而形成巨大的凝聚力。

文化管理原理在学校管理中的运用，目前主要显示在校园文化建设上。那么，什么是校园文化呢？从社会学的角度来解释校园文化，笔者认为它是在学校这个特定区域内生活的每个成员共同拥有的校园价值观和这些价值观在物质与意识形态上的具体化。校园文化是一种群体文化，它是在校园这个特定范围中的小环境、小气候，是一种氛围，会对生活在其中的人产生潜移默化的影响。校园文化是一所学校精神、传统、作风和理想追求的整体体现。建设学校的根本目的就是要使学生进校学习时受到良好风气的熏陶，把好的传统与作风转化为自身的内在因素。因此，校园文化是学校在长期发展中逐步形成的为全体成员认可、遵循并带有本校色彩的价值观念、行为方式、学校校风、校园精神、道德规范、发展目标和思想意识因素的综合。

根据近年理论研究与实践的情况，校园文化的结构主要体现在三个方面：一是物质文化层面。属于学校文化的表面现象层，它是物化了的文化形态，主要表现为科学技术、生产工具，它是人们进行活动的物质以及活动的产物和成果。它包括环境文化（如绿化、美化、净化）、设施文化（诸如行政、教学、生活、服务、娱乐设施的现代化）和建筑文化（校园建筑、建筑造型所体现的人文景观）。二是制度文化层面。即师生员工的物质产品和精神产品的产品文化面，又称幔层文化，它是制度化的文化形态。它包括了学校管理体制、组织机构与规章制度和课程、教材、人际关系，以及由此产生的文化教育氛围与效应，是学校管理民主化、规范化和科学化的集中体现，是学校发挥育人职能的制度保证。三是精神文化层面。又称深层文化，它是精神性文化形态，表现为师生的心理习惯、各种形式的意识形态、思维模式、精神风范、伦理道德、价值观念、办学指导思想、教育观、校风、行为习惯等。它包括思想的教育观（如良好的校风、教风、学风和班风的形成）、和谐的育人制度和健康向上的文化活动，它是学校文化的内核和灵魂，是学校组织发展的精神动力。物质文化、制度文化和精神文化之间相互联系、相互渗透，其中精神文化是校园文化的核心。

一、校园文化具备的诸多功能

校园文化对每一所学校来说都是一种客观存在。它作为无形的能动环境力量，对学校成员有着巨大的影响。它潜在地、稳固地支配着学校中每一个人的行为方式，并在众人的行为上打上它的烙印。它具有诸多功能：

1. 导向功能

在学校的发展中，正确的办学目标是前提条件。校园文化正是通过"软"管理来引导师生员工的行为和学校发展目标的。学校管理者通过各种文化活动，把师生引导到实现学校目标所确定的方向上来，使之在确定的目标下从事教育、教学和管理活动。目标在学校的发展和成长的过程中，起着指导、激励和控制作用。当学校的发展目标为师生员工所接受和认同时，就会焕发出极大的工作和学习热情，就会在潜移默化的氛围中形成共同的价值观，产生一股信念和力量，向着既定的目标和方向努力。

导向功能还反映在目标的选择上。什么样的目标才是正确的目标呢？我们认为正确的办学目标既要符合教育规律的时代发展潮流，又要符合学校的实际。笔者所在学校从国情、校情和学生的情况出发，探索出以普教为基础，融职教和艺教于一体的办学模式，为全体学生铺设多条成才之路，全面构建学生综合发展的"立交桥"，告别千军万马挤"独木桥"的历史，走出一条农村中学发展的新思路。他们的办学目标，符合现代教育理论和社会发展潮流，也符合学校实际，因而是正确的、成功的。

2. 凝聚功能

学校的发展和成长是一个复杂的渐进过程。它需要一种精神力量来激励全体师生，协调好方方面面的关系；需要一种统整力量来团结全体师生，在共同孕育校园文化的过程中形成一种"学校行为场"。

校园文化的"凝聚"功能，表现为联系和协调一所学校所有成员行为的纽带。当一种观念被认同后，它就会以一种"润物细无声"的方式来沟通人们的思想，使人们产生对学校目标的认同感，从而形成一股强大的力量，使学校管理发挥出巨大的整体效应。

笔者曾在2003年9月创办的晓升中学任职，该校生源素质有待提高，教师队伍曾在恶性循环的泥潭中不能自拔。从2006年起，学校领导班子着手构建"德育教育见长"的办学模式，决心以德育研究作为突破口，振兴汕头市潮南区晓升中学。广大教职工长期以来蕴藏着的改变落后面貌的强烈愿望被这一目标所激发，表现出极大的工作热情：为了帮助后进生，教师为学生"开小灶"，分文不取；为了管好学生，班主任、科任教师陪学生晚自修；为了激励学生，有的教师自掏腰包买奖品奖给进步快的学生……如今，汕头市潮南区晓升中学已被评为市一级学校、广东省首批安全文明校园，声誉日益显著。

3. 规范功能

校园文化能调节人际关系，使之心理相容、和谐有序，这就是校园文化对其成员的规范约束作用。但校园文化中的规范功能不像规章制度、政策法规那样具有"硬"的约束力，而是在一个特定的文化氛围中，人们为取得心理平衡而自觉地服从团体规范，产生"从众"行为。

在学校的发展和成长过程中，规范功能是必不可少的。规范是基础，是学校成长的肥沃土壤，是学校成长的催化剂。如当我们走进学生宿舍时，会看到这里既有军营的整肃，又有文化室的静雅。洁白的墙壁以手工巧妙地装饰，构思各具特色，有的在兰草梅枝间"奋飞"，有的在竹节图旁楷"勤奋"……据介绍，床下的那条线是"鞋线"，规定鞋尖朝外，依线排放。宿舍管理员说："这些规范已经刻在学生的心上。"

4. 其他功能

校园文化应以培养社会所期望的人才为主要目标，注重学生生活目的和社会化、政治化、技能社会化等方面的指导，加强学校与社会环境的交流，提高学生的社会适应性。校园文化建设中还应注重拓宽育人阵地，把育人看成一个系统的过程，把单一的课堂教学发展为以课堂教学为中心的多方面的开放性教育系统，实现全方位育人。重视校园文化的陶冶功能，学校应努力创设浓厚的文化氛围，使学生在无形中受到美好事物的启迪和熏陶，进而内化为心灵深处的高尚情操和行为规范。

学生是教育的对象，是学校文化作用的对象，它反映着校园文化产品或成果的质量水平。学生是具有主观能动性的人，因而又是创造、创设校园文化的生力军。青少年反对什么、赞成什么、崇拜什么、鄙视什么，不仅反映校园文化作用于他们的效果，而且也是在营造一种学生文化。为此，我们既要注意校园文化中的积极因素，又要警惕校园文化中的消极因素，通过多种途径，选择适当的方法，或加以调整，或加以指导。

二、校园文化建设的主要途径

1. 强化校园硬件设施的整体规划和建设，使校园设施具有民族性、地方性和现代性

当我们走进高大威严的校门，映入眼帘的是一尊创意颇深、涵盖着学校积极向上的办学思想和办学品格的雕塑，还有绿荫鲜花簇拥着的艺术大楼，动听的琴声、歌声、笛声等，映衬着校园的庄重和宁静，还有设备齐全的理化、生物实验室，语音室，电脑室，等等。

2. 建立健全、科学、规范的管理制度，并通过制度的贯彻执行体现独特的文化精神

严明、完整的学校规章制度，用以规范学校领导、教师和学生的行为，使学校的各项工作都在制度的约束下有序地开展。学校构建了一种选择机制，使学校能在教育方针的约束下，自主地选择自己的发展道路；教师能在正确的教育思想的引导下，灵活地挑选适合自己的教学方法；学生能在规章制度的规范下，自由地选定自己的学习方法。只有规范，没有选择，会显得乱而无序。只有建立起"规范"和"选择"的管理机制，才能形成既严谨又生动活泼的新局面。

3. 美化、净化、绿化校园环境，使学校的内外环境具有一种清新和谐、催人奋进的视觉效应

校园中设置一些景点，如流动花架上每周的名画欣赏，宣传廊里有常新的美术、书法、摄影作品；宿舍里、教室里、墙壁上有师生诗画、书法作品。学校校园中的"物"环境，无论从时间上还是

45

从空间上，都具有丰富的思想性和强烈的艺术感染力，既富有动态的美，又富有表态的美；既富有外在美，又具有内蕴美。学生置身其间，时刻能感受到美的熏陶、美的启迪、美的激励，并引发美的想象，对学生的兴趣、爱好都起着积极的作用，可谓"美若醉人人定醉"，真正起到"随风潜入夜，润物细无声"的效果。

4. 定期举办艺术节等活动，使校园活动丰富多彩

学校通过举办一系列丰富多彩的课外活动推进学校文化的积累，如艺术节、体育节、创作节、学科竞赛、演讲报告、科技发明等都是打造校园文化不可忽视的重要手段。由于在课余活动中学生的主体性发挥得最充分，因而它更是塑造校园文化的重要途径，是展现校园文化的主要窗口。为此，学校领导要做到精心组织、精心设计，教师要积极参与。

中学生文学社团建设的现实意义

文学教育是将文学推向全新的角度，以文学的鉴赏和创作为主体的教育模式，以激发学生对文学的热爱，使其成为推动整个民族人文特质的重要途径。而校园文学社团则是校园文学教育质量最直观的反映与细化，是校园文学教育的主阵地，也是思想政治教育的主载体。今日潮南的校园中涌现了一批文学社团，如六都中学的润心文学社，司马浦中学的司中学子文学社等。中学生文学社团如雨后春笋般创立，确实是素质教育的需要。本文将对中学生文学社团建设的积极意义提出自己的见解。中学生文学社团的产生，反映了校园先进文化的前进方向。文学社团建设是校园文化建设的重要组成部分。中学生文学社团是人文教育的主阵地，在学校建立文学社团，能为学生营造良好的创作氛围，激发学生的创作兴趣，提高学生的创造力，对推进素质教育和开展创新教育大有裨益。它能为学生个性特长的发展提供广阔的舞台和空间；它能培养学生的创新意识和创新能力，切实提高学生的写作水平和审美鉴赏能力。

一、中学生文学社团的产生顺应了素质教育的要求

中学生素质的提高不仅有赖于课堂的系统专业教育和理论输出，更需要大量丰富的课外实践锻炼，这就要求学生在进入大学和社会之前，在人文社科、文学艺术体育等方面得到锻炼和发展。其实，中学生文学社团的建设目标与中学培养人才的目标是一致的。因此，中学生文学社团的产生，反映了现在校园文学化的前进方向，是拓宽素质教育的重要载体。

二、中学生文学社团活动适应"新教育"目的

中学生文学社团的产生，拓展了中学生素质教育的载体。"新教育"理念指明了教育的内容始终贯穿"成长即学习""生活即教育"的思想方向，中学生文学社团活动是适应"新教育"目的、符合"新教育"内容以至拓展中学生素质的重要载体。

首先，学生通过参与社团活动，有助于培养健康积极的兴趣、爱好，发挥自己的潜力，从而不断成长。在活动中，文学社成员的兴趣往往是活动的内在动机，对活动有持续的推动作用。

其次，参与社团活动有助于培养学生的主体意识，锻炼学生的管理能力。兴趣使每个社员能够走在一起，共同为社团的发展做出贡献。这种社团机制非常有利于培养社团成员积极服务管理社团的主体意识，从而提高管理能力。社团活动也有助于学生通过活动找到归属感，体会成功，增强自信。社团活动给学生提供了一个自由发挥的空间，在志同道合者的支持下，他们能实现自身价值，获得成功的快乐。这种成功的体验将使他们克服往日畏难、自卑的心理，得以塑造完美的人格。

三、中学生文学社团的产生，创新和深化了德育阵地

中学生文学社团的产生，创新和深化了德育阵地。加强中学生文学社团建设，是新形势下有效凝聚学生、开展思想政治教育的重要举措。

1. 加强中学生社团建设，是创新和深化未成年人思想道德建设的重要途径

学校德育工作在继承优良传统的基础上，必须从中学生的实际出发，与时俱进，积极创新，拿出更多、更有效的方法和手段来。学校德育工作要加强对中学生社团的指导，学生共同的兴趣被充分地调动起来，在潜移默化的影响下，能增强学校德育工作的互动性、针对性和实效性。学校要充分发挥中学生社团的群体凝聚功能和思想功能，开展融思想性、知识性于一体的，寓教于乐的活动。

2. 加强中学生社团建设，发挥传承和培育校园文化的效能

一所学校长期形成的文化积淀、办学理念和人文精神可以通过中学生文学社团加以传承。事实上，源于不同学术流派和社会本质的社团活动能给校园文化建设带来生机和活力，促进校园文化多渠道、深层次、高质量发展，丰富多彩的社团活动反映了学校的人文品位。

3. 中学生文学社团，是增强中学生组织凝聚力的重要载体

共青团组织要将中学生社团组织纳入共青团的工作体系，进行资源整合，优势互补，使之成为学校团组织开展工作的有力抓手。共青团组织要更好地发挥学生社团自我教育管理、服务等功能，增强自身特有的政治、组织和活动优势，承担起引导和管理社团的责任，更好地服务于广大中学生的健康成长。我校为进一步活跃校园

文化生活，积极发展语文实践活动，培养造就了一批文学尖子，使文学社团活动成为提高学生语文素养的第二课堂。在学校的重视下，文学社团活动有序开展，不断地为校园文化注入活力，不断地引导广大中学生走进神圣的文学殿堂，参与高尚、睿智的心灵对话，培养出一大批有理想、有才华的文学青年。

校园文学社团建设的现实思考

文学，是思想的精灵，是生活的折射，是作者人生百味的直观反映。文学教育是以文学作品的鉴赏和创作为主体，激发学生对文学的热爱情怀，成为推动整个民族人文素质提升的重要途径。而校园文学社团则是校园文学教育的反映与细化，是校园文学教育的主阵地，是师生的精神家园。当前，全国各地中学的文学社团大量涌现，如何引导、管理好这些文学社团，更好地发挥它们应有的作用，值得我们深思。下面，笔者从我校社团出发，谈一谈对校园文学社团建设的现实思考。

一、校园文学社团建设的意义

校园文学社团是校园文化建设的重要组成部分。它能提高学生阅读理解、鉴赏与审美能力，提高学生的思维能力、表达能力，激发学生的想象力和创造力，是人文教育的主阵地。在学校建设文学社团，能为学生营造创作的氛围，激发学生的写作兴趣，提高学生的写作能力，对推进素质教育和开展创新教育大有

51

裨益。它也能为学生个性特长的发展提供广阔的舞台和空间，从而愉悦学生的身心，陶冶学生的情操，铸造学生的人格，培养学生的创新意识和创新能力，切实提高学生的写作水平和审美鉴赏能力。下面详述之：

1. 创建校园文学社是加强人文教育、营造书香校园的需要

科学技术的发明和创造是一把双刃剑，既能造福于人类，也可能给我们带来难以预料的问题甚至灾难。那么要靠什么来驾驭科学技术这匹狂奔的野马呢？专家学者把目光投向了人文教育。科技发展越是迅速，就越是需要人文精神的牵引。国际上近几年出现的加强人文教育的趋势就是明证。校园文学活动，能使中学生在文学阅读和文学创作中陶冶情操、完善自我、升华情商、提高人文素养。特别是作为标志校园文学发展主要形式的校园文学社团，更能使学生在具备语文知识的基础上积极参加社会实践活动，拓宽锻炼空间，拓展人文视野，对于增强学生的创新意识、合作意识与自主探究能力，以及发现问题、解决问题的能力，起到十分积极的作用。

2. 创建校园文学社是深化语文教学改革、构建大语文环境的有效途径

作为母语的语文学习具有其他学科无可比拟的实践性、探究性和综合性等特点，正是这样的学习特点决定了语文教学要特别注重学生的实践活动。校园文学社团活动作为语文课外活动的重要形式，可以充分发挥实践性强、自主性强、综合性强的优势，促进语文教学改革，构建大语文环境。语文新课标倡导让学生"在大量的语文实践中掌握运用语文的规律""自主组织文学活动，在办刊、讨论等活动过程中，体验合作与成功的喜悦"。这些要求与倡导，确实可以通过校园文学社团来实现。新课标要求语文教师"要有强烈的资源意识"，应"创造性地开展各类活动，增强学生在各种场合学语文、用语文的意识，多方面提高学生的语文能力"。可见，开展校园文学活动的过程，就是开发语文课程资源的过程。如此看来，校园文学社团活动绝不是可有可无的点缀品，而是深化语文教学改革、实施素质教育的一种有效途径。

二、校园文学社团建设的任务

文学社团的一个重要任务就是发现文学新苗，培养文学苗子，提高其写作能力，推荐其发表佳作。当一所学校有一定数量的文学社员在各类报刊上频频亮相时，该校的知名度会大幅度提升。班报校刊，不仅是展示师生文学才华的平台，也是展示学校良好形象的窗口。一些学生能在班报、校刊上发表文章，他们的家长也为此倍感兴奋和自豪。校刊在展示学校良好形象、提高学校美誉度方面，发挥了其他宣传形式无法替代的作用。一名有远见的校长应该加倍重视校园文学社团的建设和发展。另外，发展文学社团与提高教学质量也是相辅相成、互相促进的。一般而言，喜欢文学、擅长写作的学生，其思维和表达能力相对比较强，学习成绩自然不会差。

校园文学社团作为校园文化的重要组成部分，在促进学生的潜能发展，引导学生进行成功体验，塑造学生的健康人格，培养学生的高尚情操等方面有着得天独厚的优势。有人说："青春时代未必都会留下传世之作，但青春必定是诗的出发地。"而校园作为青春的聚集地，理应助推少男少女的文学之梦扬帆启航。据对本校12个班550名学生的调查统计中惊喜地发现，每天坚持课外阅读的占75%，爱好写随笔的占55%。"一切为了学生，为了一切学生，为了学生的一切"，是我们每一个教师所应秉持的基本信念。精心组织校园文学活动，引导学生更好地进行文学阅读与写作，促进学生发展个性特长，是我们的必然选择。特别是它与课程改革相互依托、相互促进，对提高教师的专业素养，提高语文的教育教学质量均有重要作用。

三、文学社团中社员、指导教师、学校领导、社团的角色定位

文学社员首先要具有强烈的创新精神，包括强烈的创新动机、顽强的创新意志、健康的创新情感和持续的创新行为。其次要热爱生活、走进生活、体验生活，在生活中发现美，并把美用文学的语言表述出来。再次要创办属于自己的社报或社刊，给社员提供更多习作发表的空间。

指导教师要鼓励学生敢于坚持自己独到的见解，敢于说真话，不唯书不唯上，敢于对书本的"定论"提出疑问，培养其独立思考和探索的良好习惯。指导教师要重视每一次对社员的激励机会。教师的激励是点燃校园文学创作的重要手段，指导教师应放手文学社的主要事务，让社员自己完成。对于在社报（刊）中发表优秀习作的学生，学校要给予奖励，并将他们的优秀习作投给相关的报纸和杂志，在固定的时间段出版社员的佳作文选，让他们体味成就感，再次激发其创作欲望。

另外，文学社团要想健康成长，还需要学校内部的协调和沟通。学校领导要从政策上、组织上、经济上给予文学社团以支持，建设好学校的图书馆、阅览室，给学生一定的活动时间和空间。

文学社团应采取多种形式的活动以开拓社员的视野，如专题讲座、社会调查、旅游考察、演讲朗诵、辩论会、优秀习作讨论等，

各社团之间也可进行办刊（报）的经验交流，并主动与上级文学协会、文联与文化艺术团体取得联系，争取得到他们的支持与指导。

总之，在校园开展文学社团建设是必须的，也是必要的，文学社团对提高学生的文学素养、提升学校的知名度大有裨益。

第二辑 研修学习心得

探索新时期中学德育工作的有效途径

古今中外的教育家都十分重视德育，把德育置于学校工作的首要地位。世界著名物理学家爱因斯坦在他发表的文章——《培养独立思考的教育》中指出："用专业知识育人是不够的。通过专业教育，他可以成为一种有用的机器，但是不能成为一个和谐发展的人。要使学生对价值（即社会伦理准则）有所理解并产生强烈的情感，那是最基本的。他必须获得对美和道德上的善的鲜明的辨别力。否则，他连同他的专业知识就更像一只受过很好训练的狗，而不像一个和谐发展的人。"当前，很多德育工作者仍停留在传统德育的低矮层次，使德育工作难以奏效，因此我们在日常的德育工作中，应努力探索有效的途径。

一、让学生在自主活动中体验和感悟道德境界，德育最重要的是研究人的德性形成规律

人的德性必须在自然的活动中形成，这是德性形成的一个基本规律，光靠说教，抽象的道德戒律是不能深入人心的，是不能为人

所掌握的。德育可通过让学生体验生活，在体验中感悟道德境界。体验是调动和利用学生主体意识获得道德认识、道德情感、道德意识，感受道德行为的最有效的方法之一。体验可分为直接体验与间接体验。直接体验是由学生亲身经历而获得的，其优点在于学生直接处在相对真实的社会关系中，对道德关系理解更为深刻，对某些道德观念有切身的体会，可以让学生在参加社会公益活动中形成热衷公益的健康情操，可以让学生在校园文化生活中形成以礼待人、团结协助的优良品质。作为教育者，我们应尽力而有目的地为学生提供情感体验的机会和行为实践的舞台。间接体验是指教育者通过叙述他人的人生故事，使学生在他人的经历中理解社会真实的道德角色和道德关系，感受道德情感等一系列心理活动因素并感知道德行为的结果。在此，要指出的是教育者是个广义的概念，除了教师，还应有家长、社会人士的参与，那样学生的体验才更深刻、更真切，才能避免生硬的、空洞的说教。

二、通过辩论，激活学生思维，在辩论中明白是非观念

辩论是价值澄清学派倡导的一种德育方法，近年来被学校广泛采用，由于辩论能够让学生充分参与，其过程充满竞争性和互动性，所以深受学生欢迎。在现实的学校德育实践中，为使辩论的结果与教育者预设的目标相符，避免辩论内容走题或使学生变得毫无兴趣，我们力求做到以下几点：

1. 论题本身要有可辨性

教师在设计题目时要注意选择能激起学生思维对撞的论题，这对教师的相关知识和逻辑思维是一个挑战。

2. 教师对辩论设计的考虑应尽可能周全些，对过程中可能存在的问题要事先做好预设

有些教师可能认为辩论主要由学生参与，他们只要给出题目就可以了，所以对辩论过程就没有费心思去考虑。事实上，中小学生的辩论与成人的辩论有许多不同之处，需要教师的精心设计，充分考虑每一步骤可能存在的问题，这样辩论才有可能达到预期目标。但应注意的是，这里所说的预设只是过程的预设，不是价值和结果的预设。

3. 辩论过程要有效引导

充满激情的语言、真实的事例、看似矛盾的论点都是教育者引导辩论走向深入的巧妙之处。

三、加强学生社团建设，是创新和深化道德建设的重要途径

学生社团是学生依据兴趣爱好自发组成、按照章程自主开展活动的学生组织，在提升学生综合素质及培养学生活动能力等方面发挥着重要作用。中学生社团，是新形势下有效凝聚学生、开展道德工作的重要形式。随着社会经济的发展，学校德育工作应在继承优良传统的基础上，从学生实际出发，与时俱进，积极创新，拿出更有效的方法来。作为学校职能部门，政教处要充分发挥中学生社团的群体凝聚思想，开展融思想性、知识性、趣味性于一体的寓教于乐的活动。要加强对学生社团的指导，把中学生共同的兴趣充分调动起来，发挥潜移默化的作用，增强学校德育工作的互动性、针对性和实效性。加强中学生社团建设，发挥传承和培育校园文化的效能。校园文化是学校广大师生在特定环境中创造的一种与社会、时代紧密相关，又有校园特色的人文氛围、校园精神和生存环境。一

所学校长期形成的文化积淀、办学理念和人文精神可以通过中学生社团加以传承，反映不同学派和社会思维的社团活动能给校园文化建设带来生机和活力，促进校园文化多渠道、深层次、高质量地发展，丰富多彩的社团活动也为不同特长的人才提供了活动的舞台，提高了学生的综合素质，反映了学校的人文品位。中学生社团，是增强中学生团组织凝聚力的重要载体。共青团组织作为广大青少年学生向往的组织，要将中学生社团组织纳入共青团的工作体系，进行资源整合、优势互补，使中学生社团成为学校团组织开展工作的有力抓手，逐步在中学生中形成团委、学生会、学生社团这一"一体两翼"的工作格局。要更好地发挥学生社团实现自我教育、自我管理、自我服务的功能，增强自身特有的政治优势、组织优势和活动优势，承担起引导和管理社团，使之健康发展的重任，更好地服务于广大中学生的健康成长。学生社团活动都是学生从自己的兴趣、爱好出发，结合学习、生活的实际，自愿选择的对象性活动，是学生认识世界、改造世界以及探索人生的重要实践活动。从我校成立的司中学子文学社、读书俱乐部、青年志愿者服务队、篮球协会等社团开展的状况看，既体现了学生发展的自主性原则，符合学生的兴趣、爱好，又丰富了学校共青团活动的种类。放眼全国，各地学生社团近年来也如雨后春笋般发展起来。中学生社团已经成为校园中先进文化的前进方向，成为中学生实现素质教育的载体，也是新时期学校德育工作的高效途径。

四、倡导读书，成立读书俱乐部，引导学生与书本为伍，在与大师的对话中升华自身的人格

读书，是学生净化灵魂、升华人格的一个重要途径。但现在

59

的学生除了读教科书之外，很少读其他书。凡是读书多的孩子，一般说来，其视野必然开阔，其精神必然充实，其志向必然高远，其追求必然执着。一个人的精神发展史，就是这个人的读书史。通过读书来净化心灵，则是强调把道德体验和道德感悟升华到道德的理性层次，上升到一种自觉的境界。其实，许多的文学著作和社会科学作品本身就具有强大的感染力，渗透着一种无形的德育力量。阅读一些优秀的文学作品，必然会给学生以强烈的心灵撞击，学生会把书中弘扬的道德境界作为自己的一种自觉追求。为此，我校通过设立读书俱乐部，构建书香校园，并在《司中学子》的校刊中设立读书专栏，介绍名著与新书，刊登读书心得，让学生养成热爱读书的好习惯。若一个孩子热爱读书，那么他会从书籍中得到生活的榜样，从书籍中净化自己的心灵，书中的人物往往成为他生活的旗帜。现在，我校采取一系列措施，比如把每年的四月份和十月份定为读书活动月，并举行以读书为主题的征文活动，定期为学生推荐阅读书目，鼓励学生多读书、读好书，让学生大致浏览和把握人类文明史中最经典、最精华的内容，这已不是一种单纯的读书行为，它对学生良好德性的养成具有深远的意义。

五、为学生寻找生活的榜样，培养其英雄主义精神

一个人德性的形成，很大程度上取决于他生活中的榜样。当我们了解世界上伟大的人物时，就会发现，他们的成功轨迹中有形无形地刻印着英雄的影响痕迹。正因为如此，我们才有必要寻找英雄事迹，让生活中的英雄影响我们的学生。就人的自然属性而言，人很容易满足，很容易停滞。但当一个人在心目中树立了崇拜的英雄形象时，他就可以寻找到自己与英雄之间的差距，通过英雄的形象

给自己前进的力量，给自己克服困难的勇气，增添热情、激情和活力。通过英雄的激励，给人奋发的激情。我们学校让教师有意识地引导学生树立心目中的英雄，这样的德育效果比教师在课堂上讲解要好得多。那么，如何让学生寻找心目中的英雄，作为他们日后立身处世的榜样呢？一是推介学生读人物自传；二是通过视频让学生观赏央视的《朋友》《艺术人生》和凤凰卫视的《名人面对面》等专栏；也可以请当地各行各业的精英到校为学生讲课，讲座的主题主要是他们的创业历程。如果每个人都能够不断地从英雄身上汲取力量，不断地从英雄身上受到启迪，不断地以英雄主义的情怀对待人生，那么，他们终究会成为社会的精英。在我们的德育工作实施过程中，我们用学生家乡、学校中亲切感人的榜样去教育学生，让学生以一种崇敬的心理去对待英雄，用英雄的高尚德行感化自己，从而内化为自己的道德修养。

在我们的教育实践中，德育工作的有效途径远不止这些，还有诸如培养学生的劳动技能与审美鉴赏能力等。

新课程背景下中学政治作业的功能、特点与实践

作业是教学的一个有机组成部分。教师在教学的过程中可以通过作业来检验课堂的教学效果，学生可以通过作业来巩固学习成果。在新课程理念下，教师怎样设计作业、设计怎样的作业显得尤为重要。

一、中学政治作业的功能

设计政治作业是将学生在课堂上掌握的知识、能力、情感、价值观再现的过程，通过这一过程了解教师的教学效果，然后采取策略进一步提高学生学习的效果。作业是学生学习知识、查漏补缺的有效途径，教师认真设计作业、批改作业，了解学生存在的知识盲点、思想误区、错误行为，并及时给予纠正，然后调整教学思路，以帮助学生吃透所学的新知识，树立良好的行为习惯，参与政治生活，培养其良好的政治素养。因此，政治作业具有教育功能。学生

完成教师布置的作业也是一个自主学习的过程。为了完成作业，学生可以查找有关资料，也可以相互交流。师生的共同探讨，能激发学生学习的积极性、主动性和创造性。因此，政治作业具有发展功能。

二、政治作业的特点

1. 学科实践以作业为主

教师通过给学生布置作业，如背诵定义、原理、写小论文、撰写调查报告、阅读新闻时事等，让学生动手、动口、动脑，查阅有关材料，探索解决问题的方法，与同学和教师交流，走出校园了解社会，这个过程本身就是一种实践活动。

2. 作业是理论与实践、显性与隐性的结合

政治学科的大多作业，具有理论与实践、显性与隐性相结合的特点。作业题型无论是选择题、辨析题还是材料分析题，无论是小论文还是社会调查报告等，都采用大量贴近生活的材料，围绕身边事，以及国内外的时事形势，用理论观点来剖析现实问题，探索问题的解决途径。大多数作业如观看影视节目、阅读报纸杂志等，其包含的数量、质量、情感、价值观的考查是不能外化的。教师布置适量的政治作业是教学工作的重要环节，学生完成作业的过程也是开启自身智慧的过程。用心设计有质量的作业能拓宽学生的知识视野，提高学生的实践能力和探索精神等。

三、新课程理念下政治作业的实践

上课前后教师都会给学生布置作业，所以作业是由课前、课内、课后三种形式构成的。

1. 课前的自主作业，主要以"文本阅读"方式呈现

教学的主要作用是提高学生学习的自觉性，培养学生的自学能力。题目设置数量不宜过多，以思考文本内容为主，主要设在学习可能出现的障碍上，让学生时刻记住：课前的自学不只是预习。因为预习有可能把重点转移到"给教师讲授做准备"上去。自学，就是不依靠别人的帮助，完全凭借自己的能力，把文本等方面应学的东西学到手。

2. 课内的巩固作业

课内作业的作用是消化课上所学的知识，深化对教学内容的理解，形成发散思维，产生较好的自学能力。

做法：课内作业主要应针对教学的重点与难点，一般用5～7分钟完成，多以提问形式出现，是上课的一个重要环节，作业内容要与教学内容相一致。

3. 课后的作业布置

课后作业的作用是深化对课内知识的理解，扩展政治学习的视野，完成自学能力的构建，实现课前与学校政治教学在课外或社会学习上的"接轨"。呈现的主要形式为撰写小论文和对某个方面的社会问题（现象）进行探究并撰写社会调查报告，以及阅读时政资讯、观看时政新闻等。

做法：教师根据课堂知识设置三个层次的作业。第一层次的作业是对文本的阅读及在基本知识（概念、观点、原理）的基础上，阅读一周的国内外新闻资讯，结合所学知识去剖析社会现象。第二层次的作业是要求学生查找资料或上网查阅与文本相关或相似的文章来感受所学的知识。第三个层次是围绕某个知识点（理论、原理、概念），让学生动手写论文或撰写社会调查报告。

4. 作业的评价

作业的完成过程，在一定程度上能反映学生对某一价值观的认同程度、政治素养。学生在写小论文和社会调查报告及剖析时事热点时，教师应针对不同层次的学生给予适当的鼓励性评语。教师应帮助学生提高正确认识，引导学生建立"错误病院""错题积累"的专用本，过一段时间再指导学生对错误进行"会诊"，剔除改正后"痊愈"的，保留还在"病中"的问题。经过多次反复，学生作业中出现的错误就会逐渐减少。

总而言之，中学政治作业模式从课堂的问答以及书面作业，进一步调整为学生对时事政治问题的思考、利用理论观点剖析国内外时事形势等。在课外，不只表现在社会调查、撰写小论文上，还表现在对政治生活的参与上。如让学生模拟法庭辩论，模拟政协委员、人大代表等；讲到环保意识时，可结合市政府整治千沟千渠的活动来设计作业；请父母带你到所在的乡村看看沟渠整治的情况，用文字记录对沟渠整治的感想，提出创造美化绿化村居的方案，把方案交给老师和村居等。

互联网背景下的中学政治课堂改革探索

随着互联网的出现，网络实现了消息的采集和分发，面对大量的行为数据的累积，形成了大数据，同时也使教育教学发生了深刻的改革，实现了微视频、翻转课堂、慕课等系列教育教学的发展。大数据技术支持下的学生评价和差异性发展，为中学政治课堂的个性化教学提供了可能。在中学政治课堂中，应如何借助互联网技术、教育云平台以及智能终端设备，来突破传统教学方式的禁锢呢？我们要重新构建项目型课堂模式，按照主题—探索—呈现的流程来进行统整式的跨学科教学，学生可以主动地对知识进行主观上的建构，在真实的情境中培养实践创新能力，使得教学效果达到最大化。

一、基于互联网背景下的中学政治课堂的教学环节

1. 课堂的学习任务单与合作学习环节的构建

在课前的预习环节中，学生通过对文本的阅读，可将一些基本观点、理论以及对材料的见解等发送到教育云平台上，使其互动答

疑从而形成学习共同体，对于仍存在不解的问题则留在教育云平台上，如此教师在备课时便能更有针对性。学习任务单的设计可分为两大部分：一部分先让学生通过填空题、选择题来呈现基础知识；另一部分则可围绕本节课的重难点设计3至5个问题。学习任务单设计完成后，教师可通过云平台将其发送到每个学生的移动智能终端上，学生可借助百度等平台搜索相关的教学视频进行学习，使原来比较抽象的理论知识变得更为直观。

在学习的过程中，学生碰到问题时可在平台上发起讨论，同学之间可通过跟帖回复、参与讨论等，形成以问题导向为纽带的学习共同体，充分发挥学习小组的作用。课前的学习中产生的一些质疑与问题，都可通过云平台发送到教师的移动终端上来，也包括提交部分客观性作业的完成情况。这些都为教师的备课和课堂教学提供了更为重要且具有针对性的参考。

2. 利用云平台进行协作备课

在备课过程中，教师通过云平台接收学生自主合作学习过程中产生的问题，利用平台软件进行数据分析，及时了解学生课前学习中哪些知识已掌握，哪些知识存在问题。透过数据分析，针对存在的共性问题来设计或调整教学，这样便能做到以学定教。教师可通过云平台将自己的电子教案放在科组专栏上，让同科组的教师共享，同科组的教师可相互借鉴，这样的备课更为便捷有效，也突破了原来的个体性与封闭性。互联网为教师高效备课提供了技术上强有力的支持。

3. 课堂上的交流、讨论、互动环节

在课堂的教学环节上，教师首先要利用教育云平台展示学生在课前自主合作学习过程中产生的有价值的问题，其次利用互联网资源，共同讨论解决问题，而学生也可将合作过程中讨论的成果通过云平台进行展示、共享，从而可以在不同的观点之间产生碰撞。在碰撞的过程中，学生自己能解决的问题，教师应尽可能让学生去发挥，当遇到讨论后仍解决不了的问题，教师才加以点拨，使学生解决问题的能力得以提升。

二、基于互联网背景下的中学政治课堂的教学成效

1. 教与学角色的转换

互联网课堂的出现使教师变为教学活动的组织者、引导者，学生也不再像以前一样被动地接受知识，而是知识的主动获取者。以往学生作为学习共同体的成员，重点在于学习的整个过程中如何合作学习；互联网的出现，让学生在课堂上成为以问题导向展开教学活动的参与者和研讨者。

2. 教学内容的整合得到有效提高

政治时事形势的变化之快，是其他学科难以比拟的。英国脱欧、区域外的强国插足的南海问题，等等，这些都是可借助互联网资源来获取到的大量时事资讯，甚至是更前沿的知识。同时，可利用大数据实现对前沿知识、时事资讯的加工、组合与整理，为学生提供丰富的学习资源，创设良好的学习环境，学生可根据自身的实际对知识进行取舍和整合，以满足自身发展的需要。

3. 教学过程的全方位开放

互联网背景下的政治课堂教学突破了时空界限，学生学习知识不受时空限制，学习的内容也可自主选择，并能与同伴、教师互动。教学过程中融入的不只是图形、文字、影音，还有其他媒介，这能从多种感官激发学生的学习兴趣，激发学生的创造性思维。

4. 教学评价的及时性

课堂教学中的形成性评价是提高学习效率的有效途径。学生课前预习教材内容并建构知识，上传作业平台，教师可通过云平台在线测评系统进行审阅，然后收藏比较典型的（错误率较高的）问题在上课进行点评。在自主学习过程中，教师可让学生先完成检测题，并上传答案，然后让持有不同观点的学生回答并分析，以加深学生对知识点的理解及巩固。

一个教师的读写与成长

　　一个教师的成长，离不开读写。我想以自己为例，谈谈教师的成长。我于1995年6月毕业于汕头教育学院，至今已工作22个年头，在这22年里，我工作过的学校共有4所，即两所初级中学、一所完中和一所高中。不过这四所中学都处在农村，不是面临合并，就是刚创建，所到之处，工作的辛苦也只有自己清楚。通过读书，寻找教育教学规律，总结提炼工作的经验，捕捉教育教学的生活片段和美好瞬间并用文字记录下来，是我的真实写照。从一个青涩的小伙子到成长为中层干部直到副校长，从一个青涩的教师到成长为一个中学高级教师、省名师培养对象、省特级教师，我的成长，离不开读，也离不开写。唯有从读书中开阔视野，才会从现行的教育教学理论中寻找教育教学规律，也只有写，才能把教育教学中的生活片段记录下来，对它加以分析、总结、提炼、升华，也才能发现自身存在的问题并带着导向意识去追寻答案。以下，我将以工作过的四所学校作为线索，结合自身的实际，将我在乡村这20多年的所读、所感、所写、所悟与大家一起分享。

一、仙门城初级中学

教书20多年，某个不经意的细节或某句话，一定成全过一些孩子，也伤害过一些孩子，甚至，有的孩子的人生可能因我而走上了不同的道路。

20年前，大专刚毕业，我带着年轻人特有的"轻狂"、"激情"与"热血"，本来有机会留在城里工作或转行干别的行当，却不知是什么原因，有那么一种力量，把自己推到远离县城的乡村。那时我向市局报告，也递交了一份到乡村当一名教师的申请。

仙城镇距离县城数十公里，到那里去的人正想方设法走出去。原因有交通的不便，还有你想干点正事找不到合作的伙伴。一直以来，这里的教师队伍是他们被动地来、主动地走。报到那天，教办林怡春主任接待了我，听说我是自己申请来的，他有点感动，并口头承诺我，让我来镇上最好的中学当一名政治教师。派发报到证的那天，我却被安排到仙门城初级中学，前来镇上开会的校长们把我们这些新老师领回去，我觉得那时的校长领我回去并不高兴。当时镇上有四所中学，仙城中学是重点初中，其余的就招各自服务半径内的学生。

那时，我是学校唯一的全日制大专生，我教初三三个班，还有初二两个班的政治课，在大多数人眼中，政治课是"副科"，加上以往上课的老师只让学生画一画概念原理、关系等，然后就让学生背。学生学起来觉得枯燥无味，同事们眼中的政治课也是可有可无的。

乡村的静寂，让人无处休闲与消遣。那时的岁月大多是与书本打交道的。我努力地阅读中学政治教学法和与学生思想政治工作有关的书籍，尝试用理论剖析社会现象，尝试让学生有意识记忆，尝试带学生搞社会实践。那边的敬老院、旅游景点、公共场所等，都留下了我和我的学生的身影，我爱我的学生，学生也很爱我。

那里的学生很调皮，我所任的初二（2）班有两位老师曾担任过他们的班主任，都驾驭不了他们。校长找到我，要我当这个班的班主任，我当时半开玩笑地说，我要是当班主任的话，当好无须表扬，弄不好请见谅。

我接手这个班后，首先了解每个学生及其家庭的情况，逐个进行家访。在家访时还弄出了一些小插曲，那时一些家长不主动与学校沟通联系，反倒认为家访就是"告状"，家长对老师的家访是不欢迎的。我在班长蔡×坚的帮助下，走访了每一个家庭，在当时也只有我是这么做的，最终成效还是有的。在家访的过程中，有好几户人家把我当成了学生，把班长当成了老师，至今提起此事我还觉得颇有意思。我用心经营，让学生参与管理好自己的班集体，民主选举学生干部，尝试在德育方面进行量化考核，与科任老师沟通，多用慧眼发现学生的美与好，少批评，多疏导。这个班渐渐有了活力，学习劲头也有了，期末还评上了先进班集体。更值得回忆的是，班上的柯伟宏、颜少如等几位同学对体育运动感兴趣，我便因势利导，帮助他们成立兴趣小组。后来，参与校园首届运动会获团体总分第一名，我借此机会对学生进行教育，把他们在运动场上的技艺用到改进学习方法上来，把他们在运动场上的劲头用到学习文化课上来，把他们在接力赛中的团队精神用到学习的互帮互助上来。

后来，我一直带他们到毕业，中考那年，有4位同学考上了中专、中师，其他同学考上了潮阳三中和陈店中学。这使我深深感受到，每一位班主任都应该把爱通向学生的心田，而对于我们的学生，绝不允许有被爱遗忘的"角落"。

这样的例子还很多，我在仙门城中学任教六年，当了五年半班主任，在第五个年头，因我班主任工作做得出色，校长还把我提拔为政教处副主任，兼了两年的班主任工作。

在仙门城初级中学值得回忆的还有我所任的学科，我自己订阅了《半月谈》《时事》《初中生时事政治报》《中学政治教学》《中学政治教学参考》等与政治学科有关的刊物，积极跟踪本学科的科研信息。1996年中考，我所任教的学科平均分比镇重点中学少两分，1997年的中考成绩平均分超越重点中学两分，也正因如此，任教第三个年头我被提拔担任镇政治学科中心组组长，2000年参加市优质课评比获得二等奖。

在这里与诸位分享几个生活片段。

镜头一：有水分的成绩怎么处理?

在一次考试中，班里的学生郭同学英语考了92分，而他平时成绩只是在50～60分徘徊，通过了解、分析，我认为这次成绩肯定有水分，怎样处理呢? 我与科任老师交了底，就当什么事没发生，考多少分，在班里就讲一次。我利用班会表扬了他学科进步比较快，幅度比较大，然后拍了拍他的肩膀，说了声继续努力! 就这样，他也知道老师知道他的底，只是装作不知道而已。后来，他真的下了狠劲，把英语学得很棒。

镜头二：因为你是我的学生

赵×卿，是首届初三学生中的一员，活泼，会唱歌。有一次，她来我办公室问问题，我半开玩笑地说："你歌声很甜，唱首歌给老师听听怎么样?"她笑笑点点头。她很有天赋，于是我就联系在普宁师范的同学指导她。后来，她考上了汕头幼儿师范。她曾有一次问我："老师，你为什么对我这么好？"我笑着说："因为你是我的学生啊！碰上别的同学，我也会这样做的。"

镜头三：要不要办重点班

2000年8月，学校讨论要不要分重点班，校长倾向于分，我觉得分层分类教学本身没有错，然而问题是，以什么依据来划分？教师该如何优化？只有解决了这些问题，按章办事，才会让教学质量有起色。在行政会议上，我陈述了自己的观点。最后的方案定为：按初二最后一次成绩从六个班中选35名学生组成一个班，科任老师就从几次考试中成绩整体不错的班级来选，班主任由我当。那一年，我还参加了后备干部脱产培训。

那一年的中考成绩一出来，很多人都不敢相信。林×彬、赵×彬等三位同学考上了金山中学（省重点），有15位同学考上了潮阳一中，其他17位同学也考上了六都中学。

镜头四：六年的不断学习

乡村的夜很静寂，娱乐的地方少，交通也不便，而住校的老师也少，我更多的时候只有与书本为友。在仙门城初级中学的那段岁月，我自学了法学、哲学，用两年的时间准备中山大学主考的哲学本科自学考试。哲学世界里有对世界、人生、自身价值的探索、拷问以及解决问题的方法论，这都影响着我的教育生涯。本科毕业后，我一直在寻找着继续深造的机会。

1998年至2001年，我参加了由市教育局、华南师范大学在汕头举办的教育管理在职研究生班，当时参加学习的都是汕头市在教育界有影响力的校长、领导及名师，包括当时享誉省内外的金山中学黄晖阳校长、林伯仰副校长，只有我是来自乡村初中且未满三十岁的小伙子。在学习过程中，我不仅可以走近业内专家，聆听业内专家的教诲，也能与同伴们交流分享，分享他们成功的喜悦，也分享他们在教学中的智慧与艰辛。

教授们的惜时与治学的严谨，以及名校长的每次面授，都使我感慨颇深，并深受启发与鼓舞。他们讲德育目的论、外国教育史、教育评价、管理心理学等。这几年的学习，使我获益匪浅，也使我具备了一定的理论功底与素养，对我以后爱上教育科研产生了不小的影响。

在研修班的这几年，我学到的不仅仅是教育教学理论，更是导师不凡的人格魅力、区域教育界超群者对教育的痴迷与其对教育不一样的见解。理论的习得让我在僻静的乡村中为实现自身的教育实践奠定了理论基础。导师的魅力，同行的卓越气质，亦增加了我实践的勇气。例如，参与镇内德育科研《初中生德育量化考核》的课题，使我开阔了视野、增长了见识。

2000年10月至2001年6月，我很幸运地作为初中后备干部被潮阳市选派到市教育学院参加初中校长岗位培训。这一期全市共选了21人，集中一学期进行理论学习。讲授理论课的导师大都是市教育学院和省教育学院比较有名气的专家学者，并且大多数都比较年轻且有干劲。

这一次的培训是从管理者的角度去看该如何管理好一所学校，如何当好校长的角色。记忆较深的是，我们这一批学员还有幸到华东比较有名的中学进行了参观考察，如上海建平中学、南京梅园中学、复旦附中等。这一时期，这些学校在校园文化建设方面费了不少工夫，也让我产生了兴趣。至今记忆犹新的是建平中学墙上的一句话："领先一步，就等于领先一个时代。"它警醒了我，要在教育事业上有所作为，不仅要了解区域内，甚至要学习国内外的教育教学热点及最前沿的教学成果。在考察名校之际，我总在思索：名校是怎样打造出来的？他们有哪些共性？我们应该学习些什么？哪些管理经验、办学思想能为我们所借鉴？

回来以后，我花了近两个月的时间，写了一篇题为《文化管理在学校管理中的运用》的文章。该文获优秀结业论文，同时我也被评为优秀学员，这篇文章后来刊登在湖南省教育科学研究院主办的刊物《当代教育论坛》上，另一篇关于校园文化建设方面的文章刊登在《福建省教育学院学报》上。

二、东南初级中学

2001年8月，时任仙门城初级中学政教处副主任的我，调任镇薄弱学校东南中学任教导主任。东南中学当时只有298个学生，本来镇委计划撤销合并，但由于是华侨捐资兴建的，最终没有撤销合并，但前提是必须在办学方面有起色。我到学校之后，了解了基本情况，学校正、副校长各1人，教导处正、副主任各1人，而行政人员4人中，有3位领导年龄都超过50岁，教师共有32人。学生流动、转学情况严重，建校十几年来，只有2人考上潮阳一中，骨干教师也多是身在曹营心在汉。当时正值潮阳市举办青年教师基本功训练活动之际，我便努力组织青年教师开展教学基本功训练，还亲自带头上公开课，参加市优质课评比，并在2002年6月获市优质课评比二等奖。此外，我经常深入课堂，了解课堂的教学情况。起初，老师们有点排斥，但我还是坚持与老师们进行沟通，本着学习交流的原则尽可能地去挖掘课堂中存在的契机。当然，我的课堂也是开放的——随时欢迎并鼓励老师们自由地与我交流探讨、共同成长。在第二年时，我仍带头参加了市优质课评比，当时的市政治学科教研员黄其祥老师有点不解：去年才参加比赛的我为什么今年还想参加？其实在当时，我的动机更多的是想带动青年教师积极向上。班子中其他三位领导最初认为学校生源差、队伍不稳定，教学教研可要可不要，但通过深入课堂，我们发现还是有个别青年教师功底不错，可雕琢提升。面对这种情况，争取到校长的支持，结合镇、市的教学教研安排，我多次深入课堂，进行启发和引导。仅仅两年间，就有4位教师承担镇性公开课。李义立、黄逊华、唐红梅等5人参加镇优质课评比并获第一名，且代表镇参加市优质课评比，均获二等奖。

在备考方面，我积极做好中考备考工作，分析学生成绩、心理等方面的问题，对毕业班的每一学生都进行家访，指导各科制定备考方案，认真筛选各地中考信息，对学生进行分层辅导，实施目标管理及过程管理，开展阶段性考试并及时做好总结分析。

通过不懈努力，我们在2002年的中考中取得了历史性突破，那年只有34位考生，其中李×光同学以790分的高分考上金山中学，是东南中学历史上的第一人；胡×浩、胡×生考上潮阳一中，另有张×丽等8位同学考上省一级学校汕头市六都中学，其余的同学考上两英中学、陈店中学等。这一年我所任教的政治学科单科标准分700分以上的占了4位，其中李×光同学考了811分。2003年，又有许×皓等22位同学考上了市重点中学。

镜头一：赵资灿老师退休前的光荣

赵资灿老师曾在仙门城初级中学与我共事过，人有本领，只是个性也独特。2001年8月他与我一同调来东南中学，而那时他再过两年就可以退休了。

如何安置赵资灿老师，是对我的考验。我请他到我的办公室，把我的想法讲给他听，让他上初三两个班，并把二十位物理成绩较好的同学留下来辅导，以应对第二学期三月份镇上举行的物理竞赛及广东省物理竞赛。赵老师欣然接受了我的工作安排，每周一、三、五利用放学后时间给学生辅导物理，对近十年来的中考卷及比赛试题，做到结合每一章节知识点、考点加以归纳讲解，并进行测试。功夫不负有心人，2002年，我校按照学生总人数选派的4位同学参加镇上的比赛，获得了第一名、第三名、第四名、第七名的好成绩，平均分比第二名的学校高8分，就在那一年李×光同学代表镇参加省物理竞赛获一等奖。2002年他在中考取得的好成绩，其实也离不开物理学科的贡献。2002、2003年度赵资灿所任教的物理学科在全镇取得了好成绩，这是他退休前最快乐的事。是我的努力，为一位即将退休的老师赢得了师生的认同，赢得了尊严。他退休后，我也调离了这所中学，但此后，他好几次打电话给我表示感谢。

我觉得作为一位年轻的教导主任，能够唤醒老师的工作激情，为他赢得应有的尊严，是一件很有意义的事。每当想起此事，我便心情愉悦。

镜头二：没有领取的录取通知书

2003年7月中旬，胡×裕同学考上潮阳一中的录取通知书还没被领取，而离报名只有一天的时间了，我通过胡×裕同学的同学通知他亲自来领。但到了截止报名的当天，他也没有来领录取通知书。

这么优秀的学生，到底出了什么事？

这事，我得跟校长反映。也有学生反映，他家确实没有办法让他再升学了，他可能不念高中了。听学生这么讲，我心里酸酸的，很不是滋味。

最后，我还是决定到他家看看。

到了他家，他父亲也在，在做手工。他最小，爷爷长期生病卧床。家长对我们只表示感谢，但非常坚定地说，孩子已经初中毕业了，家里已无能力让他上高中，就算上完高中，也无能力供他读大学。懂事的孩子在一旁显得寡言少语。

我得想办法让学生继续升学，绝不能因家庭经济的问题掉队。于是我通过各种关系联系到新世界中英文学校，学校承诺，三年的高中费用由学校来付。胡×裕就在新世界中英文学校学习，到高二的时候已被选送深圳校区。后来他考上了武汉大学。

每个学校的成长，总有它的故事。我在东南中学只有两年教龄，但在这两年里，我的校长知道我年轻，想干点事，给予我太多支持，给予我一个不一样的平台。这两年，是我一生中最值得留恋与记忆的。

学校不用被合并，渐渐地有了起色，捐资的华侨胡楚东先生对这两年学校的变化很是满意。

适逢当时潮阳市撤市设区，新建潮南区晓升中学，区局从各地抽调了十多名骨干教师，我是其中一位。学校对我大力挽留，镇教育办主任、副镇长都找我谈话，希望我能留下来，并承诺为我搭建更好的平台。最后，我还是感谢校长对我工作的肯定，他的眼睛有点湿润，说了一句："年轻人，那里更需要你，好好干！"

在仙城，我干了八年。八年的岁月，我是用心的，这种用心是纯粹的，不带半点功利色彩，每每转校都有人在意我、在乎我，这是对我最大的鼓励！

我到新的单位去，詹校长夫妇去看望我，这是对我莫大的鼓励。

三、汕头市潮南区晓升中学

到晓升中学后，学校安排我上高一六个班的历史，每班3节，每周共18节课，还有学校的内宿管理。其实到晓升中学来，我是从一名普通教师干起的。学校的内宿管理由我负责，如何管理好内宿生，是我必须面对的新工作，我按级分班，安排教师跟班辅导，熄灯后还要查房，早上5：50起床，6：10做操，做操后晨读。直至2005年5月，上级才安排我担任学校体卫处副主任，主抓体卫艺全面工作。

主抓体卫艺工作，我必须面对学校的实际，理清思路，为校长室的决策提供依据。我以当时参加市初中校长岗位培训及考察华东名校所学理论来指导我在新岗位的工作，为工作提供理论支撑。在艺术教育方面，开设美术、音乐课程，每学年举办校园十大歌手比赛，创办晓升之声文学社团及社团刊物，举办国庆书画展。体育方面，做两操，每年举办篮球赛，组建学校体育运动队。校园文化活动活跃，却并不影响学校的教育教学质量。晓升之声文学社的创办及社团刊物的创刊，为师生提供了学习交流的平台，是师生的精神家园，定期举办交流活动，请当地知名诗人、作家开讲座，既滋养了学生的精神世界，也为喜欢文学和写作的学生增加了灵感，是他们学习提升的另一途径。经过用心经营，晓升之声获得市优秀文学社团，社团刊物获市优秀文学社团刊物，晓升之声也于2007年5月获得省优秀文学社团，《文学社团的发展及管理》作为市、省的课题得到立项并顺利结题，《文学社团的建设的现实意义》一文发表于国家核心刊物《语文研究与教学》上。

美术方面，除了课堂这个重要的载体外，我们还成立了兴趣小组，定期举办书画、摄影展，展示学生的优秀作品，校园走廊上至今还留有学生的作品。然而刚创办不久、学校生源质量较差是个不争的事实，在高考中如何突围，是我要思考的问题。同时我发现学校有对美术教育倾情付出的吴春华、翁海铭老师，于是便向学校提交了办美术班的建议书，并为美术班配备了文化科较优秀的教师。这个提议受到了学校领导的重视，并得以实施。2007年高考中有三位学生考上了广州美术学院。2008年，学校开设了美术班，并在区域内有了一定的影响力。在2010年的高考中，郭×如同学考上了清华大学服装设计专业，还有12位同学考上重点大学，美术考生已成为晓升中学的一张名片。

2003年8月—2009年12月，我调任新办完全中学潮南区晓升中学，期间担任教师、体卫处副主任、主任，主抓学校艺术、体育、卫生工作。六年多时间，我认真规划，服务学校教育教学工作，服从工作安排，在自己的工作范畴内低头耕耘、勤勉工作。期间学校也取得了一定成绩，晓升之声文学社获汕头市优秀文学社，《晓升之声》获汕头市优秀社团刊物、省优秀文学社团刊物，学校获市体质健康工作先进单位称号；2007年1月，汕头市潮南区晓升中学获广东省首批安全文明校园称号，2007年12月，学校被评为市体质健康工作先进单位。我本人也于2006年获得区师德先进个人称号，2007年获市体质健康工作先进个人称号，并于2008年9—11月被选派参加省第27期高中岗位校长培训班学习，学习期间我又有机会与省内一些知名的校长进行交流，2006年12月评上中学高级教师。

感悟：新办的学校是一张白纸，但只要努力，同样能绘出绚丽的色彩。学校成绩的取得，既闪烁着我的智慧，当然也离不开整个团队的努力。

四、司马浦中学

2010年1月，我从潮南区晓升中学体卫处主任的职位调到潮南区司马浦中学任总务主任，并于2012年2月任副校长，协助校长管理日常工作。这七年多时间里，我感受到了学习的幸福、工作的辛酸，感受到每一次成长蜕变的阵痛，也感受到科研的乐趣。

镜头一：学习的幸福

2010年11月至12月，我作为汕头市骨干教师被选派到华东师范大学进行为期一个月的理论学习。这个班共有来自全市六区一县的骨干教师45人。在这一月中，每天的理论学习安排得比较紧凑，有时连晚上也有安排。我们聆听了教授们对于教育教学的真知灼见，也深入到一些窗口学校考察，每天除了记笔记，还要写学习心得，分组讨论，发表博文。除此之外还要交流心得体会。在学习、交流、分享中，我见证了来自各区的教研员（教研室主任）对学习无比认真的态度及干劲，这至今仍深深地影响着我。这一个月的学习，对于我而言，是一次蜕变。它使我养成了读书、写心得体会的习惯，这种习惯的养成也滋养了我的成长。

2012年4月—5月，我再一次被市教育局、市委组织部选派到北京师范大学进行为期一个月的理论学习，这一期仍是全市六区一县共计45位校长、副校长，学习主要是围绕校长如何进行管理创新展开的。一个月来除了聆听大师的教诲，领略首都名校长们的治校风采，更为重要的是从他们身上得到启发，并在学习之余与同学进行了交流。课堂是需要智慧的，教育管理同样需要；课堂需要价值引领，学校管理同样需要。不同的学校有不同的校情，在与校长们的交流中，我得到了不少启发，这也为我现实的工作储备了必要的理论知识。

2015年3月，我参加了省新一轮百千万高中文科名师培养对象的遴选答辩。专家组向我提出的几个问题我至今记忆犹新，一是问我读过哪些书，二是问我本学科的热点问题，还有问我作为一名政治教师，主持的课题却是关于《中学文学社团的发展及管理》，是属语文学科教师的事，同事会不会认为我"不务正业"，干了别人的事，等等。好在平时我总会挤点时间读书，写点心得，思考点问题，于是我一一回答了专家的提问，最终得以进入这一项目进行学习。说来也巧，来参加答辩时，我与原在华东师大进修的许树然同学住在同一房间，他也参加了名教育家培养对象项目，最终我俩一同成为新一轮百千万人才工程培养对象，在此成为同窗。

成为省高中文科名师培养对象后，我看到我的同伴已有了丰硕教学教研成果，还有那孜孜不倦的干劲，很是感动！他们所拥有的社会责任与担当，为我树立了榜样。

2016年12月4日—12月18日，我们远赴台湾地区进行研修交流。在交流过程中，我们看到了勤勉的校长、辛勤的教师，以及负责任的评委会。在卫道中学，每次学习，收获的不仅仅是同窗情、师生情，还收获了教育教学的智慧。

镜头二：科研的乐趣

教学科研源于在教育教学中发现的问题，以及如何解决问题。带着我的团队做科研，成为我的新目标。这几年，我带领年轻教师一同参与课题研究，学校一共主持省立项的课题5项，其中有经费项目3项，现在已结题2项，市级课题4项，已结题2项，在区内产生了一定的影响。

镜头三：教师的专业成长

一个学校发展得怎样，关键在于教师的成长，如何给教师搭建专业成长的平台是一所学校前进的动力源。在培养青年教师上，如何帮助教师脱颖而出，我很是费了一番工夫，我也与他们一起成长。其中，2011年刚毕业的李丽娟于2012年就承担区性公开课并参加省高中数学现场说课比赛，获二等奖；2013年毕业的黄凯生、连洪杰参加市教师教学技能比赛，均获物理科、化学科一等奖；政治科组（9人），其中高级教师2人，一级教师6人，二级教师1人，省特级教师、省名师、省首批骨干教师培养对象各1人。近几年，2人获市优秀德育教师，3人获市高中教学资源建设个人贡献奖。

2014年9月10日，我作为区优秀校长代表在区政府举办的教师节座谈会上发表讲话。讲话稿内容如下：

尊敬的各位领导：

大家好！我是司马浦中学的倪史标，在第30个教师节来临之际，我作为校长代表谈谈我的工作体会。

1. 用心做，只要有行动就会有收获，只要有坚持相信就会有奇迹出现。

司马浦中学是一所面上中学，学校的发展、进步受到许多客观因素的制约，只有从自身的实际出发，不抱怨，不埋怨，干一点儿是一点儿。2013年高考，我校356人参考，上线307人，上本科线74人，本科上线率20.79%，朱×峰、林×涛、廖×婷、廖×宜、林×霞等5位同学分别被华南理工大学、暨南大学、华南师范大学、广东外语外贸大学、广州中医药大学录取。其中2位进入全省文理前1万名行列。当时放榜，有同行、有家长问我："这是真的吗？"是真的。这一年我们高三的备考团队中有4人获区高中资源建设贡献奖，1人获市高中资源建设贡献奖，语文备课组参加市高三语文命题设计能力竞赛，获市二等奖1项、三等奖2项。

成绩的取得是老师们的坚守、执着、拼搏换来的，这再一次证明只要有行动就有收获，只要有坚持相信就会有奇迹出现。

2. 用心观察，认真思考，从学生实际出发，为他们的成长量体裁衣。

潮南的许多面上中学都在不断成长，并且有一些学校已跻身于市一级学校行列，司马浦中学的生源基础较差。2014年高考，我校考上一批理科的有3人，艺术、体育单招单考各1人。

上级教育部门的统计数字是3人，艺体单招单考我们自己要算，这是对我校师生的肯定。今年我校方×城同学被武汉理工大学艺术设计系录取，林×强同学被哈尔滨体育学院武术专业录取。两年前的一次考试，方×城同学在试卷上乱涂乱画，老师投诉到我这里，我找他谈话，从谈话中得知他从小喜欢美术，中考文化成绩较差，于是我鼓励他走艺术之路，选学美术专业，当时学校并无专业教师，我通过私人关系找到晓升中学的老同事翁海铭及他的同学华里西初级中学廖泽霞两位老师帮忙，当时还有一位叫连×华的学生也喜欢美术，今年考上三A。我借此机会，感谢这两位老师及兄弟学校。

3. 学校体育工作取得的点滴成绩，给我指明了又一条办学新路子。

目前，我校共有3位体育教师，而这几年，我校的体育工作取得了一定的成绩，2014年，参加市三人篮球对抗赛获潮南区亚军，2013年，参加区高中组篮球赛获第五名，2013年，参加区中小学运动会获高中组团体总分第五名，2011年，参加区篮球赛获区高中组第二名。更值得一提的是，从2013年9月至今，我校参加省定向越野比赛获第一名2人次，第二名3人次，第四名1人次，第五名1人次，第八名1人次；2014年6月14日，参加全国定向越野公开赛，欧阳×苗、何×庆、连×珠分别获第三、七、八名。

这样的体育成绩，是体育组三位很有激情的老师为司马浦中学创下的一张名牌，面对这些，我在思考我能做什么，才能对得起我们的学生、家长及充满激情的体育科组。这个暑假，我多次翻阅报考指南及相关招生政策，发现全国共有16所高校特招定向越野特长生。于是，我有意识地从高一级开始培养体育特长生，并在本学期让彭广林老师担任这些体育特长班的班主任。

好教育，强国梦；中国梦，教育造。国家的繁荣昌盛离不开教育，教育离不开校长的引领。我始终认为，只有从学校的客观实际出发，不抱怨，不埋怨，上下一心，用心经营，认真谋划，不懈努力，终有一天，师生会理解，家长会明白，社会干群会认同我们这些干教育的实在人。

"苟日新，日日新，又日新"的精神将指引我继续前行。

谢谢大家！

【感悟】

在司马浦中学七年，低头耕耘，确实是收获了不少。

2016年3月，我与我大学的同桌黄旭东同学一起被评为了省第九批特级教师。

2015年7月，我成为省新一轮的百千万人才工程高中文科名师培养对象，在高中文科班，我跟我的同学一起学习、一起成长。

这几年，我也看到我的学生的进步。也看到在这几年里我的同事跟我一起成长，其中有区名班主任，有省骨干教师的培养对象，有参加市教学技能一等奖的获得者。

第二辑

教育交流访学

教育从"心"开始

2019年6月18日一早，我们省百高中文科名师培养对象参访了香港中华圣洁会灵风中学。

灵风中学具有宗教背景，宗教课程在校园随处可见。我一直在想，宗教团体办学在我国港澳台地区及海外是有一定数量的，如何引导他们更好地适应现时社会需要，为建设国家服务，需要我们好好思考、认真对待。

教育需要哪些变与不变？社会发展、科技进步日新月异，若要与时代潮流同频共振、互促互进，教育的方式、教育的理念需要变。诸如跨界跨科的学习，学习共同体的创建，等等。唯有此，才能适应时代的发展，才能与时俱进。当然，教育亦需不变。不变的是对人的教育，教育者始终要有温度、有情怀，教育者始终要从学生的实际出发，为学生的成长搭建平台、创设空间，做学生健康成长的引路人与指导者。

灵风的教育从"心"开始，他们心里装着学生的成长。校门口曾经有3000平方米的停车场，每天车流量大，存在安全隐患，如何把这个问题解决好？灵风中学的师生与其他两所学校向特区政府递交申请，建议把停车场建成环境教育园。园内有花、草、树、菜、水果。每一个班级管理自己的园地，园地内试验多种生态模式，包括有机种植棚、水耕棚、生态池、再生能源等。这些都能让学生走出课堂，亲身了解耕种的好处，以及如何适时播种、收获等，让他们的学习更具形象化。

师生们很用心，根据教学及教育的需要，在环境教育及有机种植园内设有不同的学习点和设施，供不同的学习之用。包括有机种植田园、生态池、中草药园、中药展览区、种子及种植展览区、可再生能源展示区、香草园、果树园、水耕棚、兰花庭、真菌种植庭、小花园等。

环保园为不同学科提供了学习平台，参与的有中文科、数学科、通识科、科学科、生物科、电脑科等。在参与的组别上包括了融合教育组、园艺组、家长教师会、健康及环境教育组等。

环保园在开放日除了开放给社区人士外，还与香港中文大学健康中心合办了联校的有机种植活动，与来自不同学校的学生一起种植、一起学习，并把环保园提供给有需要的幼稚园和其他中小学一起使用。

灵风中学的领导、教师心里装着现在的毕业生，也装着往届的毕业生。在专访中，学校安排今年的毕业生代表周×燕同学和往届的毕业生代表陈×迪同学带领我们参访了学习的场馆。

她俩分别带领我们两组学员参访学校的场馆。所到之处，她们都跟我们一一讲解，她们对于校园的每个角落都非常熟悉，也能讲好成长的故事，讲好学习育人的方方面面。可见，学校心里装着学生，学生心里同样装了学校。

周×燕同学在水母展馆与我们分享了学校的生物教育，特别是"水母"课程给学生带来的乐趣，以及他们在与大学的深度合作过程中取得的成果。学生不仅在校内展示、讲解在"水母"系列课程上取得的成果，还常到香港海洋馆，以及香港其他中小学、大学进行展示。在讲解分享的过程中，她们既体验到了成功的喜悦，也慢慢地自信起来，由此更加热爱学习，成绩在不知不觉中得以提高。

往届毕业生陈×迪，现就读于香港浸会大学社会科学系，她向我们介绍了灵风中学在职业生涯教育中的用心。学校开设了青年向上游培训系列课，旨在帮助学生认识自己、了解自己，让学生有真实的求职意向，模拟社会求职，从而更好地适应社会。学校还开设友师计划，让学生与教师结伴，也让学生与已在社会工作的成功人士结伴，让他们了解在校学生应该做什么，不应该做什么，让学生与已入职的优秀人士结伴，探访职场，了解职场的真实情况，以使未来的求职能够更加顺利。

更让我吃惊的是，学校安排学生代表，包括毕业生代表出席，让我们提问，以便更好地锻炼学生的思维能力、表达能力，也加深了师生之间的情感，更为重要的是增强学生对学校的认同感、归属感。

对于学员提的问题，学生代表大多回答得井井有条，流露出对学校的留恋，对教师的尊敬，对学业的执着，对人生与职场的感悟。当然，有些问题确实有难度，便由学校的教师与校长们一一来解答。

要做教育的有心人，捕捉瞬间的教育机会，将其变成独特的校本课程。

在生态园的经营中，不经意间发现了一窝蜂，用心的教师就探索如何利用蜜蜂做校本课程，于是开设了"蜜蜂生态学"，让学生饲养、观察、认识蜜蜂在生态系统中扮演的角色。

一次偶然的机会，学校带领学生前往海洋馆参观，有几位学生喜欢上了水母，于是学校便开设了"水母"课程，让学生自己在教室里养水母，并做好观察、记录、分析，从最初的单一，到现在几乎所有的水母种类都在学校的水母展览馆里出现。毕业生周×燕为我们分享了她参与"水母"学习的经验，她也常代表学校到其他中学及海洋馆做这方面知识的讲解。学校开设《海洋生物学》的校本课程，开展了《校园水母探究计划》，并与香港科技馆合办生物多样性工作坊——水母零距离。

学语文时，他们对课外的延伸做得很到位，如从未停歇的中国文化欣赏周、文化讲座、悦读报告、征文比赛、书展、中国文化游学、朗诵节、辩论赛等一系列主题活动。语文的教学也别出心裁，内地考语文大致将试卷分为三部分，一部分为积累，一部分为阅读，一部分为写作。香港的语文教学则把语言学科诠释得很到位，那就是听、说、读、写，考试评价也是分为这四部分。可见大部分香港学生语文功底不差。

总而言之，在灵风中学，我们看到了他们的教育相比其他学校更为独特的东西，这都是学校领导及教师用心构筑的，让学生获益匪浅。他们重视学生的职业生涯规划，关心学生个体及家庭的生活，重视生命教育，关注生存教育，把生物与自然、人与自然的和谐相处作为教育的永恒主题，创造了一个美好的育人环境，让每个生命个体都生活得有质有量。

学习归来，我总在想，真正做教育的人，应该常常在内心深处问自己：学生需要什么？我们能给他们什么？我们能做些什么？

春风化雨，成教育之美

——广东省名师、砺青中学副校长倪史标访谈录

2019年7月5日下午，我校学生会新闻部的几名成员前往倪史标名师工作室对倪副校长进行了一次采访。

记者：您与文波校长出版《悦读与人生》这本书的初衷是什么？

倪副校长：首先，我和校长都觉得一个学生的发展始终离不开阅读。一个人要想在社会上立足，首先要学会沟通与表达，而沟通与表达最重要的来源便是阅读；其次，通过全体师生阅读，打造书香校园，让我们的学校充满书香墨味；再者，用阅读筑起学校与家庭的桥梁，让家长也与学生一起阅读，有益于构建书香家庭。相信学生们在书香校园、书香家庭的氛围熏染下，能够健康成长，也能为以后的人生打下坚实的基础。

记者：那整本书给您的最大感受是什么呢？

倪副校长：整本书的出版过程是有一部分教师的参与与付出，师生一起分享阅读的美好，感受阅读的快乐，思想火花的交

流与碰撞促使师生共同进步，让我为之欣喜，这是我的第一大感受。而在学生的文章里，虽然大多数是原创，但也存在部分抄袭现象。值得欣慰的是，事后也有学生主动找我沟通并积极认错悔改。这一点令我很受触动。问题的发现便是成长的契机，意识到抄袭对其人生产生的消极影响以及认识到诚信的重要性并用行动做出改变，对于学生来说，无疑是一次成长的良机。这是我的第二大感受。

记者：执教多年，您见证了无数学生的成长，那您认为一个学生最应该具备的品质是什么？

倪副校长：我认为真诚是最为重要的。一名学生要真诚于自己的家庭与学校，要热爱家与学校，并把家庭经营好，把集体经营好。当然能够做到德才兼备肯定是更好的。

记者：作为一名政治老师，您认为政治这门学科有什么独特的魅力？

倪副校长：很多人认为政治是一门枯燥无味、实用性不强、看似不可谋生的学科，但其实政治这门学科是很有趣的，也是很有魅力的。它可以让我们观察社会现象，并透过现象去看本质，从而培养我们的思维能力，让我们能够从多重角度去看待问题、思考问题，这是其他学科所不具备的。学习政治，并不仅仅是关注我们周边的事物，更要关注我们的国家乃至整个国际社会，以此来更好地把握社会的发展趋势。

记者：新高考改革政策的出台，在选科方面许多同学犹豫不决，对此您有什么好的建议？

倪副校长：新高考改革其实就是要学生从认识自身出发，结合自身的兴趣和优势，选择与之相关的学科，做好自身未来的职业生涯规划。这样的改革，与学生自身的学习、未来的职业选择和发展方向等密切相关，便于学生提前对自己的人生有所规划，清楚人生目标，明确人生方向，而不是寒窗十年后却仍旧迷茫，不知何去何从。可以说，这次新高考改革是将家庭、学校以及国家的选拔制度衔接起来了，接下来的高考考什么，就取决于高校需要什么样的人才。

记者：纪律在学校管理中起着至关重要的作用，您与其他校领导会采取什么样的措施来加强我们学校的纪律管理？

倪副校长：俗话说"无规矩不成方圆"，从学生方面来说，一定要严格遵守《中学生守则》以及学校的各项规章制度；从校方领导的角度来说，我们必须加大对学生的管理力度，但亦要严中有爱，在纪律方面严格要求，在生活、学习上也要积极关注学生的成长，而不是一味地强调纪律的严肃性而忽略了人文性的关怀。

记者：在多次的外出交流学习中，您有什么收获？

倪副校长：我觉得最大的收获就是了解到其他学校的办学理念和制度管理。能够汲取其精华，在学习与交流中不断思考，不断探索，并在实践中结合我们学校以及地方的实际生活，遵循学生的成长规律，做到适性扬才，为学生搭建一个更好地展示自我的平台。

记者：您对学校的未来有什么憧憬和期待？

倪副校长：目前我们学校是市一级学校，希望接下来在校长的领导下朝着省一级乃至全国示范高中的方向迈进，同时我也期待学校能够为社会培养出更多更好的学生。

"春风化雨，成教育之美"，采访在愉快的氛围中结束了，从访谈中我们可以感受到倪副校长对学校工作的热爱与认真负责。我们相信，在全体师生的共同努力下，砺中的未来将更加美好！

学生会新闻部

2019年7月7日

第三辑 教育交流访学

做一名有思想的实践者

——成长中的粤派教育家访谈

一、您当初为什么会选择教师这个行业以及政治这门学科？

首先，这个行业具有挑战性。面对不同的鲜活的个体，如何引导学生寻找适合自己的路并健康成长，我觉得是很有意义的事。

为谁培养人？培养什么样的人？怎样培养人？不仅是每个教师必须去思考的问题，更是政治学科教师的责任所在。

二、您的授课风格是怎样的？

运用学科知识、学科语言、学科思维剖析时政热点，做到在认知和情感的统一中践行知行合一。

三、您心目中的好政治课的标准是什么？

1. 让学生能学懂学科知识，运用学科语言与学科思维方法解决现实问题。

2. 让课堂具有价值引导作用，鲜活而灵动。

3. 知行合一，认真参与社会实践。

4. 运用理论讲好中国故事，讲好身边的故事，用故事中蕴藏的哲理带给学生更深刻的启发与体会。

四、当下似乎很多学生对政治缺乏热情，不太重视，您有这样的感受吗？您觉得身为老师能为此做些什么？

事实就是如此，很多学生认为政治课枯燥乏味，因此不大感兴趣。也有部分学生认为学政治就是背背而已，在生活中并没有多大的作用。

作为教师，我们需要用鲜活的事例剖析阐述，让学生意识到：一个人学好政治，对自己、家庭、社会、国家的意义是非凡的。学生感同身受了，才能更好地体悟到政治本身的独特魅力。一个人学不好政治理论，把握不好正确的政治方向，树立不起科学的"三观"，最终将会迷失方向、难辨是非，甚至误入歧途。

五、您觉得一名优秀的政治教师应具备哪些素质？

作为一名优秀的政治教师，必须具备：

1. 忠诚于党的教育事业，严格执行党的教育方针与政策，具有良好的政策水平和解读政策的能力素养。

2. 扎实的学科知识，深厚的理论水平，良好的理论素养，跨界的学科思维。

3. 关心时事形势，关爱学生，热爱集体，有家国情怀。

4. 做学生健康成长的指导者和引路人。

5. 有较强的语言表达能力，组织沟通协调能力，有自身的教育教学主张，并能积极践行。

六、作为预备政治老师的我们，应如何充实自身？

1. 认真学习，努力学好学科知识，使自身具备扎实的学科知识基础和一定的理论水平。

2. 关心时事形势，认真研读政策文件，特别是教育方面的政策文件。

3. 积极参与教学实践，多与一线教师交流，观摩好课，取长补短，如此才能让学生真正喜欢上政治课。

4. 多阅读教育教学方面的理论书籍，如《教育学》《心理学》《班主任概论》《教育哲学》及名家著作。这些能为你们日后的成长打下扎实的理论基础，也能为日后教学科研做好知识储备。

5. 多观摩，善思考，勤动笔。多读知名学科教师的教育教学叙事文章，多观摩优课，并结合自己的教育教学实践，将所思所感做好记录，慢慢形成自己的教育教学主张。

七、您的教育理想是什么？您又是如何一步步地成长为名师的？

做一名有思想的实践者，成为区域内有影响力的教育工作者，培养一批志同道合的教育工作者，与他们一起为当地的教育尽绵薄之力，为师生的成长搭建广阔的舞台与空间。

"道虽迩，不行不至；事虽小，不为不成"，一步步成长为名师，从认识自己到了解环境再到明确目标，我对自己的每一项工作都有指标要求。不遗余力地完成本职工作，永不停止地积累经验是我一步步成长的基石。不断地提炼总结，并把总结出的理论运用到现实的教学工作中，亦是我不懈的追求。秉承着"心中有爱，目中有人"的理念，我要求自己多向同行学习，向书本学习，甚至向学生学习。"三人行，必有我师"，与智慧同行必得智慧。

回顾20多年的从教之路，从科任、班主任、中层至学校领导，不同的岗位于我自身有着不同的理解。但殊途同归，教书重在育人。

八、您在教育事业上遇到的最大的挑战是什么？又是如何克服的？

每当在践行自己的教育理念或教学主张时，总会遇到他人"经验主义"的指导。同事同行的不解，领导的质疑，但自身又有着不愿意放弃的执念。

教育是慢功夫，需要以时间换空间，寻找合适的时机，做好充分的准备。只要心中有学校、有学生、有同事，时间会证明一切。最终领导会支持的，同事也终将愿意与你一起努力。

九、您从教生涯中印象最深刻的事情是什么？能分享自己引以为傲的事儿吗？

每次外出学习，遇见同伴导师，与他们交流，总会有收获、启发。特别是2015年4月以来，自参加省百千万人才工程项目的培养起，我遇见了各学科在省域内乃至全国知名的同学、导师，与他们相比，我深感自身能力的不足，亦能激发自己不断学习、努力工作的劲头。

大学毕业以后，在乡村工作24载，辗转五所学校，有初中、高中、完中，担任过班主任、教研组长、政教处副主任、教导主任、体卫主任、总务主任、副校长、工会主席、支部委员、支部书记。在不同岗位的工作过程中遇到的困难也不少，但我从不懈怠，从不抱怨，从不埋怨，干一点儿是一点儿，慢慢积累积淀，也有了不少的收获。

"教育之道无他，唯爱与榜样而已"，只要心中有爱、有学生，勤于耕耘，定会有美丽的风景出现。

十、您眼中的未来教育家是什么模样？对未来教育家项目的学员您有何建议或寄语吗？

有情怀、有理想、敢担当、有思想、善实践。

教育应寻找适应我国国情的方案，切忌照抄照搬。永远记住，立德树人是党教育事业的宗旨和立足点。

关于美育

北京师范大学檀传宝教授曾说过："所谓的美学是未来的教育学，其实就是主张从当下开始，让审美、立美成为教育工作者的自觉，让审美标准成为所有教育实践者的基本标准与常识。"美育的健康发展是高品位教育的体现。美孕育于艺术之中，艺术从来不仅仅是它本身，而是作者在传达自己的人生观。一个被艺术熏陶的人，心灵是温润而典雅的。

在艺术教育方面，尽管学校提供了教室、艺术楼等空间，但毕竟学校里的学习场地是有限的，难以开拓学生的视野，也难以实现视觉素养和审美能力的培育，包括与其他学科知识的融合。

2018年10月28日至11月17日，我作为广东省新一轮百千万人才工程高中文科名教师培养对象，到美国明尼苏达大学中国中心培训，到明尼阿波利斯和芝加哥等地参观了多所学校及学区，虽然身处乡村教育，我仍知道我们国家在好多城市的艺术教育是很不错的，但这次给我冲击比较大的是美国很重视读、写、体育、艺术等课程的融合，芝加哥美术馆的艺术教育更是深深地吸引了我。

11月12日，我们参观了芝加哥美术馆，该美术馆开展的教育活动包括：编辑与发放宣传期刊，建立专门的网站，举办各类讲座，开展艺术研究与学术沙龙，开设艺术工作坊。这些活动不仅能产生广泛的社会影响力、吸引更多的人来馆参观，更能为美术馆培养稳定的观众群，还能面向家庭、学校开展基于项目的学习。

其中，芝加哥美术馆为青少年设计的艺术教育项目独具匠心。尤其是中小学教师要理解如何利用艺术作品来提高学生的学习水平，如何使艺术服务于教学，这都是极好的借鉴。

上午8：50，我们来到了艺术中心，负责接待我们的两位老师所做的项目是小学到成年的团体合作。该项目的宗旨是在教育中合作，以艺术为支撑，把艺术和各学科相结合，让学生学到更多的知识。

两位老师把我们带到美术馆的课室，课室的桌子上摆满了该馆作品的印刷品，他们首先让我们每个人选一张自己喜欢的画，然后让我们每一个人说出为什么喜欢这幅画，或在欣赏之后有哪些疑虑。

我们的团队成员都挑选了自己喜欢的画作，各抒己见，无拘无束，有的问题甚至有点异想天开。

两位老师对我们提出的诸多有趣的问题表示感谢，她们说这样才能够激发学生的好奇心，把知识传授给学生。她们把艺术与历史、科学、语言等结合起来学习，激发学生的好奇心，进而使其主动学习、思考，最终把艺术品与自己的学科结合起来。工作坊里的艺术品都是源于芝加哥美术馆的藏品，小卡片可帮助学生学习语言，通过让学生描述艺术品的内容来提高其语言能力。例如可进行以下描述：从画中看到了什么？学习到什么？活动全程利用馆内艺术品进行教学。讲课的规则是：鼓励学生自己观察，从一幅画中观察到什么，有什么疑惑都可记下来，可互相分享讨论；然后提出问题，不要轻易借助科技手段来了解创作背景，而是鼓励学生在了解的基础上来分享学习。

我们在两位老师的引领下离开工作坊来到了艺术展品厅。两位老师选取了三个场景，它们各自代表与历史、科学、语言融合的教学典范。

对于艺术与历史的结合，老师让我们欣赏美国画家所作的世界名画《The Rock》，作者是犹太人家庭，他们从俄罗斯游历到美国，该壁画以卡通艺术形式呈现，从1944年至1948年，花四年时间创作完成。不同的人看到的画面侧重点是不同的，有的说生态被破坏，有的说看到了倡导环保者的无助呼喊，有的说看到了破坏，也有的说看到了建设。其实，该画的创作背景是二战末期，美国向日本的长崎与广岛投了两枚原子弹。他们是在欢欣与不安中度过的。欢欣的是战争的结束，不安的是原子弹的发明与使用。

通过仔细观察及一步一步地引导，让学生了解创作背景，了解二战的历史，了解原子弹的研制，了解原子弹的危害，以引导学生呼唤和平。通过这样一幅画的学习，学生可以把历史、艺术、科学都融合在一起。

随后，我们来到了《希腊雅典庙宇雕塑》作品前，利用学习想象法，把我们25人分成三个小组进行活动。第一组思考：将来石像会有什么变化？第二组思考：接下来的1000年石像会有什么变化？第三组思考：1000年后石像会有什么变化？通过设问引发大家的思考：石像在不同的环境中，可能会遭遇怎样的物理和化学反应？以此形成艺术与科学的深度融合。

　　这三组通过各自的观察、讨论、总结来学习，这个小项目是为11到17岁的中小学生设计的。这一课程通过横向比较，如不同时期的气温变化、材料质地的风化侵蚀、石头是从哪里开采的、雕塑的变化等，让学生明白既有来自自然环境的原因，也有人为因素的影响。最后，老师们引领我们来到墨西哥画家Rose所作的油画作品《Zapata》前，我们25人被分成五个小组，进行小组讨论，用正在学习的非母语说出油画里所发生的事情，以此锻炼语言运用能力。接着让五人小组模仿画中五人的姿态，并且思考作为画中的一部分有什么感觉？想象画中之前、之后发生了什么事情？行为艺术下的沉浸式学习，实现了艺术与语言学科的完美融合。

　　这幅《Zapata》是1931年墨西哥画家所创作，展示了墨西哥革命中的英雄主义形象。

　　我们用了两个多小时在画或雕塑前学习，把艺术与历史、科学、语言融合在一起学习，虽然有些学习方法和方式看起来略微牵强附会，但其思路是可以借鉴的。

　　中午，我们在美术馆的西餐厅用餐，餐厅格调高雅，在我眼中就是活生生的艺术品。我们边用餐边交流上午的收获。

　　整个下午，我们就在美术馆里欣赏美术馆陈列的艺术品。

　　芝加哥美术馆从1961年就面向民众开放，围绕教育进行课程设计理念也有十年左右的时间了，不仅为学区的中小学生提供了学习资源，同时也接纳了家庭的亲子教育，也成为教师培训中心，教师可申请到该馆上课，且往返有免费巴士全程接送。

　　艺术不仅可以陶冶性情、开阔视野，更可以深入到我们的学科教学中，成为我们学科教学的重要组成部分。在艺术的殿堂里，我们的学科教学可以焕发出更多的光彩与活力。

一天的参观访问，我收获不小，也引发了自己的一些思考。

一、美术馆应作为学生学习艺术的新空间

如今，随着我国人民物质生活水平的不断提高，更多的人认识到精神愉悦与艺术修养是完善自身的重要组成部分，因此对美术馆会更关心。利用美术馆提高自身艺术修养的人正不断增加，因此，美术馆应该成为学生乃至大众接受优质艺术教育的公共场域。

二、怎样利用美术馆更好地服务学校？

应在美术馆内设置工作坊，在美术馆的公共空间中开展教育推广活动。这一点欧美早已做得比较成熟，在我国，如上海市也早在1999年的上海美术馆设立了教育部门。从此，上海美术馆在教育中的地位有了保障。

那么，美术馆应该怎样服务于教育呢？

1. 编辑与发放宣传期刊；

2. 建立专门的网站；

3. 举办各类讲座，开展艺术研究与学术沙龙；

4. 招募培训志愿者，让志愿者协助美术馆教育人员开展教育活动；

5. 设置开放室；

6. 开办艺术工作坊，服务中小学艺术课程；

7. 语音导览；

8. 开发作品的衍生品。

三、美术馆应成为培养国民视觉素养的魅力场

美术馆不仅是陈列经典艺术作品的"象牙塔"，更应成为能让人们直接与美术作品对话、提高艺术修养的公共教育空间，成为美术教育的魅力场。

科技的进步与传媒的发展改变了信息的传播形态，也改变了人们接受信息的方式。如今我们需要以不同类型的读写能力来阅读或撰写不同类型的文本，其中离不开视觉素养。人们无论从事哪一行的工作，都高度依赖视觉素养，视觉素养已成为全体国民的基本文化素养。

站在培养国民视觉素养的角度，我们来审视美术馆公共教育的现状问题。近年来，我国各地区的美术馆也相继设置了教育部门，积极开展公共教育活动。目前，我国美术馆公共教育的形式仍比较单一，缺乏多样性，大多数公共教育活动是单向的，主要采用语音讲解、公共讲座、宣传小册子等方式。特别是在讲解方面，采用灌输方式，尚未有效地帮助受教育者学会美术鉴赏的方法、真正体验与理解美术作品并切实达到提高视觉素养的目的。

四、受教育者应从欣赏者变成鉴赏者

近年来，国外美术馆配合展览推出了与日常生活，以及美术作品产生的历史情景互相联系的公共教育活动。我们要积极开展并指导来馆者学会用美术鉴赏方法鉴赏作品，与艺术家互动。另一方面，美术鉴赏学习不单是一种有效的公共教育方法，美术馆教育方面要结合展览积极开发、帮助国民学会美术鉴赏方法的学习单。此外，美术作品衍生品的开发应引导受教育者学会以美术鉴赏的方法来

开发文化创意品。目前，各美术馆主要采取的是以美术馆为主导的互动模式。其实，馆校的合作可有更多的模式，如"提供者""参与者"模式、美术馆主导模式，以及师生主导互动模式等。

为达到提高中小学生视觉素养的目的，根据展览的特点与中小学生美术鉴赏学习的需求，美术馆可精心设计丰富多彩、充满魅力的公共教育活动，以提高美术馆公共教育的效率。

从芬兰教育中受到的启示

一、芬兰的概况

芬兰地处北欧，面积33.81万平方千米，人口560万，2014年人均GDP4.7万美元，被称为世界上最幸福的国家。

除了诺基亚、桑拿浴、北极村、圣诞老人、千湖之国，芬兰还有另一张世界名片——教育，堪称世界之最。

二、媒体眼中的芬兰教育

教育理论的研究美国人做得多，开花结果却是在芬兰。

决不放弃学习慢的孩子，20%的中小学生接受额外学习辅导（费用由政府买单），以避免弱势者最终成为社会上潜在的问题。自20世纪90年代以来，在经济合作与发展组织进行的历次国际学生评估项目（PISA）中，不论是阅读素养、数学素养、科学素养还是解决问题的能力，芬兰青少年都名列前茅，而且一直保持着全国学生成绩校际差距最小和个体差距最小的纪录。

三、从芬兰的教育中，我们学习什么

1. 深刻的教育共识

芬兰教育得以成功的第一个秘诀在于芬兰全社会对于教育有一个共识，即芬兰要为每一个孩子提供优质公平的教育，而教育的目的是促进每一个孩子都得到全面、丰富、个性的发展。

芬兰与中国一样有着尊师重教的传统，但与我国的地大物博不同的是，芬兰是一个领土较小、自然资源相对缺乏的国家。除了森林，芬兰几乎没有其他更为丰富、重要的自然资源，所以芬兰要发展，唯一可以依靠的就是人。换言之，人，特别是人的创意，对于芬兰的经济发展举足轻重。因此，只有实现人的内在价值，芬兰的经济、社会才有可能得到可持续发展。

然而，人的内在价值必须通过良好的教育才能实现，人的潜力才能被挖掘出来。芬兰在1966年就立法通过了九年制综合学校法案，该法案不仅改变了以往分轨的学制结构，更重要的是，它颠覆了传统的教育理念，在全社会形成了一个新的教育共识，即无论家庭背景，无论智力水平，每一个孩子都能在同样的环境下接受教育。经过40多年的改革和发展，九年制综合学校不断满足学生的多元化发展需求，努力为每一个孩子提供适合的教育。教育已成为和森林、诺基亚齐名的芬兰第三大品牌。

2. 教育的协调与合作

芬兰教育是一个高度协调合作的系统，课内与课外协调，校内与校外协调，学校与家庭协调，教师与学生协调，这种协调合作关系将各方教育利益相关者拧成一股力量，共同为促进孩子的发展而努力。

（1）教少学多

芬兰教师投入了大量的时间开发自己的课程，全面评估学生的成长。芬兰教师相信学习并不仅仅发生在教师的正式课堂中，孩子在课外、在与同伴交往的过程中，甚至可以学到更多。因此，芬兰小学一般只上半天课，下午半天参加课外活动或各种学习、娱乐。大约2/3的10～14岁学生至少参加了一个青年运动协会。此外，芬兰学生家庭作业的压力并不大，大部分中小学生都能在校内完成作业，家庭作业的量一般不会超过半小时，即便是高中生也很少参加课外学习。

（2）考试少，成绩并不差

芬兰学生从小到大只有一次重要的标准化考试，那就是大学入学考试。即便如此，大学入学考试的成绩也不占100%的比重。对于学生的评价，芬兰采用了三类方式：一是教师在课堂上做出的诊断性评估、形成性评估和总结性评估，教师全面负责评估方式的设计和使用，拥有高度的自主权；二是学期结束的综合评估，每个学校都将根据国家的指导制定各自的评价标准，然后任课老师共同为每个学生发放一个成绩报告单，其中不仅有各个学科的成绩，也有对学生行为、参与度等非学科学习的评价；三是每3～4年举行的全国阅读、数学和科学评估，并非所有的学生都参加，仅抽取10%的样本参与全国评估。事实上，芬兰人并不反对考试，他们只是认为，这种高利益关系的考试只会逼迫教师和学生将教学的重心放在应试上，而不是"教"与"学"本身。

（3）投入多，浪费少

在九年一贯制教育中，芬兰的学生费用（包括交通费和午餐费），全由政府承担，经费由中央政府出资57%，地方政府43%，这个决策不因政党轮替而改变。在过去的20多年里，芬兰的经济腾飞与芬兰教育的发展密不可分。1991年，每1000名芬兰人中只有5人供职于研发部门，到2003年已达22人，2001年，芬兰在世界经济论坛的全球竞争力排行中升至第一。这些创新和研发对教育产生了深远影响。现实社会需求为学校提供了强烈的信号，即学校需要准备什么样的知识、技能和性格，才能使学生在新的经济体制中成功生存。这不但推动了科学和技术等传统科学的发展，也推动了创造力、问题解决能力、团队合作能力等的发展。

虽然芬兰在教育上投入了很多资源，但芬兰不是砸钱办教育，而是选择"专注"策略，把资源配置在"最需要的地方"，也就是初级中学和学习迟缓者身上。在OECD国家评比中，芬兰是运用教育资源最有效率的国家之一。在大多数国家，高等教育的学生平均分配的经费最多，反观芬兰，投资在初级中学的经费平均每年达8200美元，在所有就学年龄中投入最高。为什么是这样呢？芬兰政府认为，这个阶段的孩子正处于发展自己学习方法的关键阶段，需要最多的资源。采用资源专注策略还有一个好处，那就是芬兰学生的教育资源并没有明显的城乡差别。在PISA测验中，芬兰校际差距全球第二低，不到5%，不论是首都还是偏远的北极圈中学，测验成绩相差不大。

3. 先进的教育理念

贯穿芬兰改革脉络，促使政策成功实施的教育核心价值是"不让每一个孩子掉队"的平等精神。当其他国家还在施行精英教育时，芬兰却反其道而行之。芬兰60万中小学生，分布在4000所综合学校，平均每校150人，班级人数为20人左右，小班小校的制度有利于后进生的学习。芬兰的学校对"好成绩"的定义非常广泛，不局限于某一门或几门学科取得好的成绩。芬兰人为包括职业高中在内的学生提供了非常广泛和丰富的课程。另外，决不放弃学习慢的孩子，是芬兰专注策略的另一个点。教育的目的是让每一个孩子都具备基本能力，当学生出现短暂学习困难时，老师会立即采取矫正计划，在课堂上或是放学后进行个别辅导，费用由政府承担。

芬兰有近20%的中小学生接受额外学习辅导，OECD国家平均只有6%。芬兰反对将学习进行任何形式的分类或排名，整个社会投巨资于教育，为的是把可能出现的"差生"比例降到最低，以避免这些在学校的弱势者最终成为社会上的潜在问题或犯罪制造者。至于精英教育，不是国家提供基础教育的义务，学得快的人可以自己学，学得慢的人更需要帮忙，宁可让学得快的人等，也不能让不会的人继续不会。那些拥有特殊才能和兴趣的孩子，从初中起普遍可以选择去那些额外增加数学、运动、英文或者其他科目的学校就读。

4. 全新的课程改革

芬兰的课程改革是建立在信任的基础上的，是建立在整个社会对教育、对教师的重视氛围中的。信任被称为芬兰整个教育系统的黏合剂，上级信任他们的下级，家长信任学校，校长信任教师，这也使得芬兰有一个良好的教育生态环境。家长对老师是充分信任的，没有投诉老师的事情发生。家长与老师的沟通也非常密切。

从课程改革上说，芬兰每十年进行一次大改革，尤其是综合学校的国家核心课程改革。2014年，芬兰发布了新的国家核心课程标准，新一轮改革确定在2016年实施，内容包括融入"主题式教学"打通学科壁垒，用"现象教学"分析现实生活，进一步实现合作学习和个性化学习。

但这一要求只是对当地学校起到一定的指导作用，学校完全有自主权，根据自己的发展战略来选择、调整，老师也有权自主选取教学方式、教材、评价方式、课程组织形式等。

芬兰教育改革强调的是个性化教学、创造性学习、信任、责任、分享等元素，走的是"自下而上、创新、信任、专业、民主"的发展道路，作为教育专家的教师和校长不再只是政策的被动执行者，相反，他们在包容、信任、尊重的社会环境中尽情发挥教育创造的想象力，自觉、持续地推动芬兰教育的改革和发展。

5. 卓越的教师队伍

（1）地位高

芬兰的教师地位非常高。芬兰社会资源有限，教育是开发人力资源的最好途径，因此，芬兰的教育直接关系到国家的整体发展命脉。芬兰教师不仅被赋予民族独立与发展的使命，也肩负着国家经济发展的重任，这为芬兰教师的社会地位涂上了崇高的色彩。

（2）门槛高

第一，自1997年开始，芬兰就定调小学教师属研究型教师，必须具备硕士学位，这几乎是全球最严的规定。师资教育从原本的三年延长为五年，高中生毕业申请师范学校时，除了要看成绩，还必须经过层层面试，确认其是否热爱教学工作。

第二，芬兰强调提升教师的学科教学知识。

第三，所有的教师都要接受培训，学习如何诊断学生的学习困难，并根据学生的需求和学习风格进行差异化教学。

第四，芬兰教师非常注重实践教学。

（3）能力强

优秀的人才本身就具备了优秀的品质，或者说，芬兰教师在成为杰出人才的过程中，积累了很多宝贵的特质。比如对自我的高要求，可以保证不断充电学习；突出的自学能力，可以保证知识的不断更新。芬兰教师有两种能力或者说特质比较强：第一种是具备优秀的"诊断学生需求"的能力。他们能够及时准确地了解到学生在不同学习状态下的不同需求，从而巧妙地采取早期干预措施；第二种是杰出的专业素养。我们发现，芬兰教师有足够的专业素养自主进行教材编订，自己进行课程编排和课堂组织。教学活动也是基于研究的创造和实践。

（4）后劲足

教师为了保持社会精英的地位所做的自我提升，就是他们日后的职业成长阶梯。

（5）培训长

对于一名新教师，学校会指派一名老教师进行为期三年的引导，帮助他们尽快进入角色。（理论、实践）

（6）信任高

信任高、少问责、少评估，资格证也没有更新制度，没有督导。

（7）自主权

十年修订一次课程，教学的主要目的是鼓励和帮助学生的学习，而不是为了个人发展。

（8）工作多

课后大部分时间仍用于思考和素养提高。

没有备课组、教研组、年级组（全科、分科、跨学科）。

但有许多自发的学习和群组讨论。

第
四
辑

成长寄语

关于汕头市《小学道德与法治学科基地建设实施方案》的评价与建议

尊敬的各位领导、专家、同仁：

上午好！

汕头市《小学道德与法治学科基地建设实施方案》整体思路清晰，方案很好地表达了基地建设的背景、目标、内容，以及基地建设的工作安排，达到的预期效果、落实基地建设的保障要求等。整个方案有思考深度，有现实意义，有学术价值，有工作亮点，也能抓住学科实践中的痛点，有推广应用价值，相信也会有建设成效。

具体体现在以下两个方面：

一、基于课程性质确定研究主题

该项目选题具有重要的价值，从学科的发展，从五育并举的要求，从学科的核心素养、评价体系，确定学科育人体系的研究与实践，方案设计思路明确，任务安排合理，计划周详，工作扎实，团队建设人员落实到位。项目的确定在前期做了大量的调研工作，结合学校实际开展道德与法治课程的现状需求调查与分析，贯彻落实《深化新时代教育评价改革总体方案》中的评价要求，基地通过统编教材背景下的道德与法治课堂，教师教育教学行为对学生的影响，教师专业化发展水平评价内容与各种评价方式的研究，通过对学生学业质量的评价内容、评价方式的研究，从理论和实践上丰富、完善道德与法治的课程评价体系，建立多维度、立体式、发展性的综合评价体系，实现学生综合素质及学科核心素养的全面发展，体现了学科的育人功能与价值。

基地建设从学科性质与功能出发，高度聚焦"立德树人"的根本任务，基地建设依据学科性质、特点，以"激励性评价"促进学科育人研究与实践，基于学科核心素养，推动学生切实领会社会主义核心价值观的深刻内涵，促使社会主义核心价值观入脑、入心，为学生良好品行的塑造奠定基础。

二、基于育人效果确定研究路径

基地建设目标明确，任务清晰。项目建设的目标是推进学生核心素养与教学评价的深层次整合，促进教师专业化成长与课程建设的一体化发展，有助于构建凸显价值引领的学科育人新格局。从学科功能、评价体系、教师成长三个层面，结合学生发展质量指标，聚焦学科功能，关注教师发展，做好激励性评价，更好地发挥学科的育人功能。三个目标清晰，逻辑清楚，互相依托，相互支撑，清楚地表达了基地建设要解决的关键问题，极符合当前学科教研的发展方向。

项目亮点突出。围绕育人这一根本任务，从课堂、教材、课程等多维度出发，以基地学校为着力点，与五育并举全面发展的培养目标相呼应，体现了全方位育人的特点，有研究的深度和触觉，体现了学科评价的多维度。基地项目相互融合，从个体目标走向整体目标，同时注重各维度之间的相互支撑与彼此融合。整个研究项目的目标有清晰的轮廓线，有较多创新的靓丽风景线，如编写学生成长手册、将基地资源与全市学校共享、开发区域资源等。

项目建设预期高。项目团队和基地学校正确理解基地建设项目在当前教育发展中的应需特点，创造条件，争创优势，细化研究，实现研究最优化。一是发展基地的功能——激励性评价促进学科育人；二是构建高效课堂，创设有内涵的思政课；三是在构筑思政教师成长平台的同时培养教师的专业情怀；四是预期成果多，有专著、论文、案例、研究报告、作业设计等资源开发。

下面就中小学思政课一体化建设谈谈我的一些看法。

首先，学生成长的一体化，是思政课一体化建设的根本原因。要让思政课产生更好的效果，我们就需要了解学生现在需要什么，将来的发展需要什么；要把学生培养成对国家有用的人才，就需要从娃娃抓起，在小中大学循序渐进、螺旋上升地开设好思想政治理论课，使之成为学生成长的一体化项目。

其次，课程内容一体化，是思政课一体化建设的内在要求。我们要以政治认同、家国情怀、道德修养、法治意识、文化素养为重点，以爱党、爱国、爱社会主义、爱人民、爱集体为主线，坚持爱国和爱党、爱社会主义相统一，系统开展马克思主义理论教育，系统进行中国特色社会主义和中国梦教育、社会主义核心价值观教育、法治教育、劳动教育、心理健康教育、中华优秀传统文化教育。思政课内容的一体化，决定了课程教学不能割裂，更不能对立。我们要做的是选择符合不同学段特点的学习方式：高中阶段重在开展常识性学习，初中阶段重在开展体验性学习，小学阶段重在开展启蒙性学习。一体化的关键是以不同的方式方法把握和处理好共同的课程内容。

最后，育人合力一体化，是思政课一体化建设的必然选择。人的成长是各方面力量综合影响的结果。针对当前教育中"学校、家庭、社会协同推动思政课建设的合力没有完全形成"的现状，我们需要充分发挥思政课的政治引领和价值引领作用，统筹大中小学思政课一体化建设，推动各类课程与思政课建设形成协同效应。

我们期盼中的一体化，是接地气的一体化。我们中小学思政课的一体化，就要从自己的学段出发；我们的思政课一体化建设，就是要让教师把好自己的门的同时，去串串别人家的门，在种好自己的地的同时，去看看别人田里的风景，去其他学段、其他学科、其他学校、家庭、社区看看。

最后，预祝基地工作开展顺利，成果丰硕。

2021年8月24日

第四辑　成长寄语

数学之美

尊敬的各位领导，数学组的老师们：

大家下午好！

今天参加咱们数学组的会议，我感到十分高兴，刚才组长对上学年数学组取得的成绩进行了汇报，也对科组上学年的教研工作进行了总结反思，并对这学期的教师工作提出了自己独特的见解，落实了这一学期数学组的工作安排。从学科的特点出发，提出几点要求，一是这一学期课堂从45分钟缩短为40分钟，我们应该怎样应对，才能让40分钟发挥更大的效益；二是要有三年备考的意识，这就要求每位老师认真研读课程标准、中国高考评价体系及说明，关注高考动态；三是要扎实地抓好教学常规工作。

接下来就数学组的教研活动，我提出自己的一些见解，仅供参考。

数学是基础学科，是工科理科基础中的基础，我们教研组一定要摸清学情，从学生出发分层分类教学，在关注整体的基础上发现是否有学生对数学特别感兴趣，要对他们进行培养和引导。

我们科组人才多，有3位研究生，有6位高级教师，有区首轮教师工作室主持人，我们今年还迎来了汕头一中的蔡思佳、市实验学校的王丽丹两位高级教师前来支教。组长要牵头整合资源，做点对我们成长、对学生成长有益的事。名师工作室主持人郑灿基老师不仅要引领区域内的教师成长，更重要的是要把我们科组的同事带一带。

很多时候我们的教研只是关注教师的教学，关注如何备好课、上好课、观课评课及对教材教法的研究，在学生的学习方法指导上有所欠缺，对评价上的研究做得也不多。教、学、评的一体化研究也涉足不多，在平时只是检查老师教得怎么样、学生学得如何。面对考试结果应该怎样改进教学？怎样指导学生学习以提高学习的效果？基于这一点，我们的教研应有更多的空间与时间倾向于教会学生学习，也应研究试题命制的原则、规律、特点，以及在试卷评析方面下功夫。

高考评价体系中阐述了考试的目的是立德树人、服务选才、引导教学，回答了为什么要考、考什么，考查的内容是核心价值、学科素养、关键能力、必备知识，是素质教育在高考中的提炼。那要怎么考？也就是考查的内容关注了基础教育的综合性、应用性和创新性。

每次高考之后大家都会吐槽题目难易、是否怪异，当你们再次回到课程标准中去，就明白为什么会是这样。

今年7月名师工作室主持人郑灿基老师的论文《高中数学主题阅读的策略研究及案例设计》发表于《教学通讯》。主题阅读也是一种教研形式，期待接下来的微讲座、学术沙龙会在我们科组的教研活动中出现；试题评析也是教研的一种形式，我们科组今年也有老师参与省高考的评卷，期待下次教研会议上我们一起分享评卷场上的收获。

我们若有机会参加省级以上的学生赛事，也要做好方案和计划，通过竞赛发现苗子、培养苗子，让好苗子得到更充分的发展。

我们也需要关注自身的成长问题，在抓好教学的同时，要提高自身的业务水平，可以提供一些展示平台。一是每位老师在上好每一节课的同时，科组可推荐老师参加区、市性公开课，这是我们的自我展示。二是每两年举办的省青年教师基本功比赛，组委会是省总工会、省教育研究院，是相当有含金量的赛事，上一届林雪香老师参加了市里的选拔赛，荣获二等奖，我们再通过两年的努力肯定有机会参加这些比赛，这一点我们是有信心的；三是每年一次的青年教师技能大赛，有时是创作命题，有时是针对解题，这几年我们都有青年教师参加并获奖。一师一优课已停办，接下来是精品课程的遴选。四是粤东微课大赛。五是要认真撰写学科论文及教育教学叙事。六是要自觉参与区、市、省内的论文评比。

我们砺青中学2017学年度、2018学年度的高三化学备课组、高三政治备课组曾被评为市先进备课组。全市近100所中学，仅评选三个先进备课组，我们都入围了，这意味着只要我们努力，也能跻身市优秀备课组的行列。

独行速，众行远。

一个人可以走得很快，但一下子便觉得累了，一群人有说有笑，走着走着就可以走得更远。

我们可以三五成群，选取共同关注与喜欢的问题，在力所能及的情况下做些研究，要相信团队的力量。在这个时代，只有合作才能共赢，也只有合作才能共享。学校有一个初步的设想，那就是我们可以在每个学科教研组中推行一个备课组，来介绍他们科组建设的经验，分享彼此的收获。

同事们，数学是抽象的，有其独特的魅力，也有自己的思想。有一次，我无意中发现了同事的大学教材《数学思想史》，觉得很有意思，便读了又读。数学之美在于数形之美、数学语言之美、数学思维之美。

数学老师的工作是有趣的，但是高中数学老师在解题上也是伤脑袋、费劲费时的，有时一道题要花费很多时间，但是解完难题之后的那种心情大家是懂的。今年我们科组又迎来了两位高级教师前来传经送道，我相信这也是整合收获的一年，希望大家珍惜。我祝愿数学组喜事多多、成果多多。

谢谢大家。

2021年9月2日

追随先烈　吾辈自强

尊敬的各位领导，老师，亲爱的同学们：

大家好！

今天我们砺青中学举行党史知识竞赛颁奖会，首先我代表学校校长室及党支部对接受表彰的同学表示祝贺，同时对砺青中学党史教学研究的老师们表示谢意。根据学校的要求，我与大家一起分享一些学习的心得体会。

历史是过去的现实，现实是未来的历史。学习世界通史、中国通史，会让我们知道我们从何而来，要到哪里去。

学习党史，会让我们认识到中国共产党为什么能接受马克思主义，为什么要坚持中国特色社会主义。

学习中国共产党的历史，会让我们领悟到党在各个时期的不同历史任务，以及在不同历史时期，各条战线所体现出来的时代精神，比如井冈山精神、抗洪精神、抗疫精神等。

学习中国共产党的历史，能增强我们的道路自信、理论自信、制度自信、文化自信。

学习中国共产党的历史，还要拓宽学习途径，把党史与地方党史结合起来，与红色根据地的学习结合起来，也可以与看电影学党史，与影评结合起来。可以走访当地老党员，听听他们讲过去的故事。可以结合地方的实际，到红色根据地接受革命教育；可以了解小公园的故事，可以挖掘砺青中学的红色资源等。

忘记历史等同于背叛。学习党史是高中生的必修课，可以坚定理想信念。党史是一部讲述中国共产党从无到有、从小到大、从弱到强，不断从拼搏走向胜利的伟大斗争史。通过学习，我们深刻认识到红色政权来之不易，所以我们要牢记党的初心和使命，牢记党的性质和宗旨，坚定理想信念，努力学习，报效祖国。

追随先烈，吾辈自强！

2021年6月20日

坚定时代自信，鼓舞青春勇气

评委们，同学们，选手们：

大家好！

这个时代的中国强盛了，为了更好地了解中国，世界许多国家和地区掀起了汉语热。

若想更好、更准确地了解世界，就要学习英语，因为英语是国际性语言。而要想更好地为国家做贡献，就应该立足本土，让世界认识你和你的国家。

这个时代的中国作为一个大国，有大国的使命与担当，开始在世界发声了。在这样的时代背景下，许多高校开设了对外汉语专业，在世界上的其他地方，汉语受人推崇，汉语专业在世界各地的大学里是我们所说的热门专业。

成长在东方文明古国的你，如何了解西方人的思维，这是我们必须关注的，从第一手资料了解世界，我们必须学好国际性语言。从大的方面讲，这是今天举办这场活动的主要目的之一。

值此机会，我在这里先预祝每位选手取得好成绩，也希望每位选手能带动身边的同学一起学英语。今天比赛的主题是围绕践行社会主义核心价值观进行演讲，这不仅是比赛，更是一次思想的提升和启迪。希望大家经此懂得，无论你们身处何地，祖国是你们永远的靠山，家国是你们永远的根，走社会主义道路是我们的道路自信，也是一种制度自信与文化自信。

接下来的演讲比赛就是对英语"说"这一能力的全面汇报。"五四"青年节的歌手大赛，参赛选手的曲目中也有两首是英文歌曲。我相信，只要大家坚持努力，我们必能在此过程中收获累累硕果。

另外，在这里，我还要代表学校感谢英语组的老师们，大家应该知道你们小学、初中的英语水平如何，但一直以来，英语组的老师们利用早读课，努力做好学科的听、说、读、写，帮助同学们规范书写，加强英语作文实践等，在英语学科素养方面做了比其他学校更多的努力与尝试，英语的每次考试成绩在区域内都是得到肯定与认可的。

英语组一直以来都不缺少感人的故事，今天中午，顾英老师老家有事，但他还是从湖南赶回来了。

最后，我建议，评委们、选手们、同学们，为英语科组辛勤付出的老师们鼓掌，也为选手们对英语的热爱及精彩的英语演讲而喝彩。

谢谢大家！

2018年5月12日

第四辑　成长寄语

且将青春做青花，盛放趁年华

尊敬的领导、老师，亲爱的同学们：

刚才，纪炜塽主任宣读了关于近期学校对期中考试及相关赛事取得优异成绩的同学及班级进行表彰的决定。在这里，我代表学校对受表彰的同学及班级表示祝贺，希望未受表彰的同学向他们看齐，在全校掀起一场你追我赶的好风气。

早晨，操场上，课室里，三五成群，琅琅书声。

早读课，有练习书法的，有领读英语的，有诵读经典名篇的……

课间里，有人围观贴在走廊中的英语书写作品、读书心得体会专栏和优秀作文作品专栏。

此次学校举办班级文化作品展，尽显砺青学子的才华，其中有书法、美术、空间设计、摄影作品等，处处体现了你们的用心，处处体现了你们对集体的热爱，在一个充满文化味又温馨的教室里学习，肯定是高中生活中值得回味的事。

这期间，学校里也有多项赛事，有生物、化学联赛，有英语演讲比赛，有校园歌手赛，有体育赛事，有文艺展演，处处展现了我们学校秉持的教育理念：适性扬才，教育之美。各项赛事给我们树立了自信心，有了自信，我们的学习会更为自觉。我记得，在"五四"歌手赛上，郑敏娜同学唱的那首英文歌曲，发挥并未达到她的预期，但她享受过程、体验过程。正因为她对英语的热爱，在上周六举办的英语演讲比赛中，她获得了第一名的好成绩。像这样的例子，在我们砺青中学还有很多很多。

同学们，青春是用来奋斗的，盛放青春年华当此时。高三的同学早到校，晚回家，他们的作业量是惊人的。二模的成绩，我们在同类学校中是领先的。这是老师努力耕耘的结果，更是你们辛勤努力的收获。学习应该讲究方法，但绝无捷径可走，只有用汗水换智慧。高三同学们的辛勤努力，正在感染着高二甚至高一的学弟学妹们，放学后，还有很多高一、高二的学生留在教室里学习。

同学们，青春是用来奋斗的，你不努力，要青春干什么？读书肯定是辛苦的，但用汗水伴随着浓浓的书香与墨香，别有风味！

校园里的榄仁树已开花，必有好意头。

请谨记，幸福是奋斗出来的！

愿且将青春做青花，盛放趁年华！

2018年5月14日

求真　崇善　向美

尊敬的领导、老师，亲爱的同学们：

大家下午好！

首先，请允许我代表学校对《学习之友》杂志社的领导还有林荣秋主任对砺青中学教育教学工作的关心和支持表示衷心感谢，对学校老师积极指导学生参加第三届汕头"体彩杯"校园读书征文大赛所付出的辛勤劳动表示感谢，对参加本次"学习、自强、成长"主题征文比赛并获奖的师生表示祝贺！

《学习之友》创刊至今已有35年，它一直秉承"博采报刊佳作，汇集文摘精华"的宗旨，融知识性、趣味性、可读性于一体，是我们广大师生成长中的知心朋友。

在我们砺青，有浓郁的书香与墨香。有一群喜欢读书，把读书当成一种生活方式的老师，如纪穆彬、陈泽华、郑灿基、黄妍楠、郑康义、魏琳丹等，他们自发自建读书共同体。三五知心书友，带动了一批批喜爱读书与思考的学生。

校园里，爱读书、善读书、乐读书已蔚然成风。

读书，思考，写心得体会，在我们砺青是一种习惯，更是一种生活方式，并把读书的好气象带到了家庭和社区。

近年来，在读书活动中我们也收获了许多。2018年12月，《悦读与人生》一书已由团结出版社正式出版，书中收录了师生的读书心得与对人生思考的作品。2019年4月，学校被评为潮南区书香校园；2020年，在由教育部关工委主办的新时代好少年主题读书征文活动中，我校学生取得了5个全国一等奖、16个全国二等奖和16个全国三等奖的好成绩。在"朝阳读书"活动暨"美好生活劳动创造"广东省演讲交流展示活动中，我校学生取得了1个二等奖、4个三等奖的好成绩。

在本届汕头市"体彩杯"校园读书征文大赛中，学校语文组及课题组老师认真组织，用心指导学生参与活动，收获了一等奖1人、三等奖2人、优秀组织奖23人的好成绩。

愿你们在读书中分享心得，积极思考，做一个有益于社会的好公民。愿你们积极参与读书、学习、创作、生活，在高中学习生涯中求真、崇善、向美，为你们的美好人生打好靓丽的底色。

最后，我再次代表学校对《学习之友》杂志社的领导和林荣秋主任带来的精神盛宴表示衷心的感谢！

谢谢大家！

2020年12月25日

第四辑　成长寄语

第五辑

教育随笔

一起出发

2017年8月25日，告别了工作8年之久的司马浦中学，来到了砺青中学，多少有些依恋与不舍。当天，新同事把我拉入"砺青一家亲"的群中，我倍感温馨、亲切。

为师，我熟知在传承的基础上培养创新人才是教育的重要目标。在教育教学实践中，我们提倡青年学生要树立"五干"精神，练好扎实的基本功。

何谓"五干"精神？首先是"肯干"，永具动力；其次是"能干"，能力要强；再次是"善干"，善于合群，要有团队意识；第四是"恒干"，永不言弃；第五是"敢干"，勇于创新。这些都是建立在扎实的基本功之上的。当代社会，需要扎实掌握的基本功是多方面的，如语文、外语、计算机、法律等，我认为这其中最为重要的就是语文。

为什么说语文是关乎人生事业成功最重要的基本功呢？因为无论从事何种职业，清晰的思维和思想是最基本的要求。创造源于思维和思想，而思想和思维的载体便是语文。脑子清晰，逻辑分析能力和表达能力强，这些都是建立在扎实的语文基础之上的。

学习语文，提高语文素养，应建立正确的语文学习观。

语文应培养我们听、说、读、写的综合能力。听，我们有没有养成倾听他人的习惯，有没有养成每天必听美文的习惯；说，是表达能力在口头上的训练，上课、老师提问、开会讨论，或在其他场合让你提建议，你是发表意见还是沉默？读，除课本、微信微博各类网站，你还读些什么？写，你写字规范吗？除了敲击键盘，你是否写得一手好字，字迹是否清晰工整美观？这在高考阅卷场上可是能为你赢得不少好处的。除了能书写一手规范工整的漂亮字，你养成记笔记、写日记和文章的好习惯了吗？

要通过学习语文，培养清晰的思维，提高概括问题、组织材料的能力，能够抓住问题本质，逻辑清晰、条理分明地表达自己的思想。大家都知道，语文具有工具性与人文性，离开了语文，你的学习难以走得更远。从事教育的人都懂，科技征服了世界，艺术美化了世界，而征服世界、美化世界都离不开语文。

上周升旗仪式上，校长介绍砺青的校史。从漫长的80年岁月的沉淀中，我们感受到了她的厚重。你是否听到了砺青历史的强音？你是否能读懂砺青的昨天与今天？作为当下的砺青人，你想抒发什么？你有书写砺青新华章的冲动吗？

9月15日，校长参加在汕头大学召开的市高中教育工作会议。回来后，赠我一本《汕头市2017年高中阶段教育教学工作会议材料》，翻阅此书时，发现我校作为先进单位被收编在了《用汗水搏进步　拿时间换成绩》一文。

是的，我们的成绩是用汗水换来的。

山，那边的风景怎样，只有挥洒汗水跨越那座山的人才知道！

让我们结伴，

一起出发吧！

第五辑　教育随笔

读《一生的计划》，计划一生

2003年10月我外出学习，有闲暇便逛一逛书店，那天无意间发现了一本小册子，是译本，书名为《一生的计划》。

书分为两部分，第一部分是如何获得一种快乐成功的人生，第二部分是你的行动计划。

说实话，看了这本书，我顿悟了。我明白了，生活不仅仅是工作，工作之余是否一直在接受教育更重要。你一生的计划，除了财务、娱乐，学习和精神层面上有计划了吗？也许你会制订一个五年计划，甚至更长远的十年计划，也许你会把计划的目标定得更近一些，一年、一个月，一周、一天，但问题是，你执行了吗？

我几乎每月都翻阅这本小册子，它让我懂得人生必须计划，计划好了就应该执行，虽然说计划赶不上变化，但可以调整，慢慢地我们就会距离目标越来越近。

这虽是一本小册子，但它更像一部经典，让我百看不厌，每次总会有所收获。读它让我明白这样的道理，一生只为一事用心努力，不问东西，必有收获。

传 承

文化需要传播知识，分享学习的快乐经验需要传承。

2020年的高考，我们学生的入学平均分只有325分。但通过我们三年的努力，培养1位学生上了211高校，4位同学上了优秀投档线，200多位上了本科线。这是许多老师用辛勤的努力和智慧换来的，是学生用努力的学习换来的，当然还有学校领导在默默地为学生做好服务。

我曾想让高考取得好成绩的同学回校分享学习经验和高三生活，而这也不是什么新鲜事。

优秀毕业生回校为学弟学妹分享学习经验，鼓励学弟学妹努力学习以接受祖国的挑选，这是一种责任和担当，当然也是学校对学生教育的延伸。关注毕业生的成长，让他们为社会做点力所能及的贡献，让他们肩负起身上的责任，让他们离开学校之后仍能感受到学校牵挂他们的成长，让他们常回家看看，看看家乡学校的发展，也把他们在外努力学习拼搏的感受带回学校和师生分享，我认为这也是培养学生家国情怀的一种途径。

2020年9月4日上午，我们迎来了考上华南师范大学的郑惠敏、广东省技术师范大学的翁×鑫、广州中医药大学的郑×林三位同学。

他们从各自学习中总结出了诸多经验，与我们分享。

郑×敏同学是美术生，当前也有一些学生为了考上较好的高校，在寻找捷径。郑×敏同学的成长经历，让我们彻底打破了对艺术生的传统认识。她以自己独特的思考方式，合理运用时间把艺术课程学好的同时也没落下文化课。在疫情期间很多控制力比较差的同学最后都毁在自我娱乐与自我休闲中。她却能通过网络世界向优秀的人学习优秀的品质，补足知识上的某些缺陷与不足。

在网络发达的时代，我们要提高自身的信息素养，我们要驾驭它，而不是受它控制。

翁×鑫同学体会最深的则是不开夜车，因为休息好是为了更好地学习与工作，还有考试时做题次序的选择，也成为影响成绩好坏的一个重要原因。平时做题训练也不是拿来主义，而是需要有选择的。

郑×林同学分享了英语与汉字书写规范的重要性。

从他们三个人的分享中，我体会到优秀学生的共同品质是珍惜时间，注意学习方法，思维活跃。

从"提高一分，打败千人"说起

"提高一分，打败千人"，这一句话作为营造高考备考氛围的条幅曾经被挂在高三教室的墙上，或在高级中学的某些校园中。每年高考有些省市少则几万考生，多则数十万考生，卷面多一分，实际排名就会提高上千位，这是客观事实。这个标语是竞争的"升级版"，其包括的校园文化也是一种无声的教育。

何为教育？教是上行下效。育为育心，教育重在滋养学生的心田，让每一个学生都有自己的思想，能独立思考，有批判性思维，并且能提出建设性意见。

教育若只停留在分数之上，那培养出来的人只会是工具，只能是冰冷无情的。

教育是静悄悄的，是慢功夫的，一切都化为无痕，是润物细无声的，不能太过功利，一切过分的功利化教育都有可能导致受教育者丧失理智。为了提高分数营造备考氛围，有些学校的标语会让你感到不适，如"提高一分，打败千人"的残酷意味。

我认为学校里的每一场活动都应该是有温度的，要能让师生感受到有爱、有关怀、有彼此的牵挂。

从竹子的生长周期得到的启示

竹子用4年的时间，仅仅长了3厘米，但从第5年开始，以每天30厘米的速度疯狂生长，仅用6周时间就可以长到15米。其实前面的这几个年头，竹子的根已在土壤里延伸了数百平方米。

做人做事亦是如此，可能你此刻的付出没有立刻得到回报，但是不要放弃，这些付出都是在扎根，在积累沉淀，等待未来的爆发。

教育是一门艺术，是慢功夫，我从竹子的生长中得到了启示：你若用心读书、写作，做好教育教学科研，坚持不懈，三五年过去，你定能脱胎换骨，定会有自己的教育主张，有自己的教学风格，能得心应手地应对教育教学的不同场景。

你若能时常深入学生中与其谈心，与其交流思想，把握他们的成长规律；你若能时常与同事交流探讨，把握教学规律；你若能时常与名师交流，多读教育教学经典著作，把握育人规律，不断交流、反思、总结，怎么可能没有收获？

错　过

如何搞好教育科研？

我一直在追问自己。要形式，也要内容。

其实备课、听课、上课、撰写论文都是教研的载体。

同事互相听评课本应是彼此的交流、学习、共享，而不是学校教学工作检查的硬性指标，有些老师甚至很排斥领导到课堂听课。

什么时候科组之间有互相学习的内需动力，有自我成长的意识，就会有自觉行为，也会有意想不到的收获。

某日，政史地组李晓燕老师上高三历史二轮复习课，据说很精彩，可惜有其他行政事务无法到场。

"跟人相处就是一条条线织成一块块布，跟另一批人就是另外一块布。"

"对同一件事，每个人都有不同的角度、不同的观点、不同的看法，甚至有不同的评价。交流，很有必要。"

这是科组老师的心得。

我是否应该创造更多的交流机会，给我们渴望成长的伙伴？

错过了那天的课，但千万别错过为伙伴搭建成长平台的机会。

该让谁去？

企业家说培训是员工的福利，员工培训的过程是对自身认知的一次教育。知名企业一直都重视企业文化，企业文化的核心就是团队精神的构建及团队建设。

教育要发展，并非指学校要有高楼大厦，要有智能校园，要有制度建设等，最为重要的是要抓队伍建设，只要有好的校长和好的教师，其他事情都能解决。在中国历史上，西南联大就是一个很好的例子。

改革开放以来，教育取得了长足发展，国家越来越重视教育，重视师资培训，特别是入职后的培训。国家还成立了教师发展中心，专门负责教师入职后的成长规划及培训，每年从上到下都有若干个骨干教师项目的培训，目的在于选择上进心强、积极进取、有潜力、有情怀、有担当的骨干教师接受培训，然后在区域或单位做好示范引领，带动老师们一起努力共同成长。对参加培训的骨干教师也做了条件上的限制，事实上学校在挑选人员的时候，大多数都没有认真思考设计者的意图。

记得两年前单位分配了一个关于跨学科骨干教师培训的项目，条件是副高职称以上，年龄在45周岁以下。学校当时只有几位副高以上的教师。考虑到各种指标和因素，最终决定让一位刚评上副高，也曾参加过市青年教师技能比赛获奖的老师参训。但过了一段时间，在本该是培训的时间里，我却在单位碰到了他，问他什么时候培训，他却说："孩子小，要带，不去了。"

项目就这样停下来了，这些高端项目，许多人却是难以争取到的。好可惜！

一连几天我一直在想，这到底是谁的错。

我们每年都有骨干教师的培训任务。让教学任务多、自觉积极者留校好好干，自然没错，但也该让他们去外面见识见识，与外面的专家导师或其他优秀的教师碰撞，把平素积累的经验加以提升总结，然后学成归来，与科组人员分享，做好示范引领，还是要把培训机会让给手头教学任务轻或者积极性不足的人？

骨干教师的培训到底该让谁去？

这是一个值得我们深思的问题。

篮球是5个人的运动

记得2009年9月，我担任司马浦中学高一7、8班两个班级的思政课教学工作。由于一直秉承价值引领的教育理念，德育的渗透随时随处都做得自然贴切，也达到了润物无声的效果。

班级文化是学校德育工作的载体，因而我所布置的思政课作业大多是能够考评学生的德育认知的。那时，我让同学们共同创作班级标语，并由学生选定几幅，由书法功底比较好的同学写好后贴在班级墙上，以达到自我教育、自我管理的效果。

隔了几天，教室的墙上出现了学生一起创作的几幅标语。其中有一幅是"篮球是5个人的运动"，我觉得特有意思，问同学们为何选了这一幅。

他们认为，一个集体就是一个团队，要有战斗力就得讲团结，就要协调发挥各自所长，明白各自身上的责任，做到配合默契。正如篮球场上的5个人必须相互配合，不打英雄球，不搞个人主义，如此才能打出水平。诸多篮球赛事中时不时会出现以弱胜强的结果，不仅是他们在战略战术上处理得好，更重要的是团队精神。

篮球是5个人的运动，我们作为学生健康成长的指导者和引路人，要科学合理地组建团队、优化团队，发挥团队成员的各自优势，让他们在学习中碰到困难时，能互相鼓励，相互帮助，以发挥团队的最大效能。

这一幅标语深深地触动了我的灵魂，它对我以后的教育教学工作起到了一定的促进作用。

2018年底，在学校领导的推荐支持和导师的指导下，我通过层层遴选，被省厅评为广东省名师工作室主持人。在组建团队时，我受"篮球是5个人的运动"启发，与伙伴们一起努力、共享成果。通过三年的努力，团队获得诸多成绩，这让我们备受鼓舞，更增强了自信心。

是的，篮球是5个人的运动。好的团队，会创造一个个奇迹。这个时代，只有精诚合作才能共享成果。

让阅读伴随终生

　　暑假将至，让学生过一个有意义的暑假，是学校领导和老师的最大期待。

　　我们学校在校长的指示下，积极倡导学生在暑假读好一本书。认真读，反复读，将自己在阅读中的感悟，写成读书心得。

　　芬兰每5000人居住的地方，肯定有一座很像样的图书大楼，年人均图书馆借阅量达17本以上。

　　我想问问同学们，你们喜欢读书吗？你们除了课本与教辅材料，每年到底能读多少本书？

　　苏霍姆林斯基曾经指出，一个智力正常的孩子，学业不好，就是对文字不敏感造成的。要提高成绩，就要阅读。

　　对文字的敏感，我是这样理解的——首先是阅读，然后是参与创作。

　　播种一种行为，收获一种习惯。养成一种习惯，收获一种人生。

　　要让阅读成为伴随终身的生活习惯，让阅读成为自己人生旅途所必需的精神滋养。当阅读成为一种需要、成为一种习惯、成为我们的一种生活方式时，阅读便是我们人生的一笔财富。

同学们、老师们、朋友们，让我们一起读书，一起思考，一起创作吧！

若我们能坚持日读万言，夜书千字，5年后、10年后，我们会变成什么样子呢？

让我们拭目以待。

小 诗

几天前登山，遇见小诗。小诗是我20多年前的同事，那时她刚从师范学校毕业，上初一语文课，担任班主任。小诗生得俊俏，能琴棋书画，吟诗作对，满腹才学。

那时，我教初二、初三的思政课，也担任班主任。乡村学校，交通闭塞，娱乐甚少，闲时读书看报，偶尔也与同事聊天，大谈理想，从闲谈中得知小诗蛮有抱负，有梦想，背着行囊来这里寻梦。

与小诗谈得来的，还有泽涛。泽涛是另一所中学的思政课老师，我们从汉赋到唐诗宋词，从工夫茶到作词作曲，从理想到现实，有太多的话题可以探讨，彼此都增长了学识。

泽涛书教得好，擅长作词，也会作曲，诗写得很不错。《失盲的射手》是他的处女作，潮汕歌曲《老爷保号》《起明珠》《一把雨伞》是他作的词，他不仅是高产作家，还是一位比较有理想的小学校长。对于他所作的词，陈小奇先生的评价是相当高的。

泽涛很努力，几年后便当上了小学校长，而我被组织派到他原来的学校当教导主任。小诗还在原来的学校，不久后嫁人便离了职，做了全职太太。

前段时间，我担任广东省百千万人才工程培养对象的评委，有幸遇见了广二师的胡继飞教授。在交流中他和我讲述了他培养的优秀学生中也有一些成了家便离了职，不再执教鞭。

努力很重要，选择更重要。

我明白了胡教授的感叹，也读懂了"七一勋章"获得者张桂梅校长为何要怒斥她心爱的学生在家做全职太太。

每每遇到刚毕业分配到学校的优秀青年教师，我们总是兴奋不已，也总想保护好他们的工作热情，但事在人为，最终成效如何，还要看自己的选择。

幸福的瞬间

不断地学习——向学生学习，向同事学习，向书本学习，向生活学习，在学习的过程中收获的不仅仅是知识，更多的是智慧。

与智慧同行，必得智慧；三人行，必有我师。

四季更替，岁月轮转，又一学年，宣告收官。

这几天让我感动的事有太多太多，我用文字记录下感动的瞬间，留下痕迹让岁月风干，待年老时当佐料和酒细细咀嚼，慢慢吞咽，好好品味。

每年高考季放榜，有人兴奋得欢呼雀跃、狂奔乱跳，也有人躲在角落，痛哭流涕——生活本就是这样。

高考是国家选拔人才的方式之一，把学生群体按层次分类，选进不同层次的高校。但这也仅是人生的一站，努力过就好。

考试之后便是填报志愿。这也是让许多学生和家长纠结的环节。而我认为，做好职业生涯规划，选择自己喜欢的专业，一生只做一事，在平凡中彰显不凡，定能有所成就。

三年前鲍老师成为我工作室的学员，或许我在教学上的思想影响了她，也让她的学生喜欢上了她，喜欢上了这一学科，从此便一发不可收。高考放榜那天，她发微信给我，内容如下：

倪校，真心感谢工作室三年的培养，感觉自己进步了好多。特别是在这次高考中，我班政治考得很好，自己感觉都很梦幻。

谢谢您的付出和培养。

总共54位同学，90分以上的有25位，最高分97分。87分到89分的，共有16位。

我是这样回复的：感谢伙伴们的努力与陪伴，其实我也在你们身上学到了很多东西。

10位学员中她最年长，但每次活动她都坚持到场，并把她在教书生涯中所总结出来的教学经验毫无保留地分享给大家。

在三年的学习中，有四位学员评上了副高级。南侨中学的陈仰钊便是其中一员。

小伙子爱学习、上进心强，每每有机会他总是想试试。

2021年6月23日这天，他在微信里告知我，他被汕头大学研究学院聘为教育硕士研究生导师了。这不仅是对他的奖励，更是对他的鞭策，能让他在职业旅途中有更大的收获。

三年的努力，邱经祥、陈子君已能独当一面。主持市级教育规划课题，带领他们的团队一丝不苟地探索教育教学规律。种子已经播下，用心耕耘，善待岁月，他俩也必将硕果累累。

肖丹升作为工作室的助手，通过三年的努力，不仅收获了专业的知识，更收获了管理上的智慧，也懂得服务他人、包容他人了，这是最可贵的。《砺园丹心，故事相传》获第5届广东省中学校本课程成果三等奖。《高中思想政治培养核心素养的途径》被推荐参加广东省教学成果奖，这些都离不开他和其他伙伴的付出。

每个学员都有各自的成长及成长的着力点，看着他们不断成长，我甚是欣慰。

感动太多，随笔记下。

记得三年前，我作为市教育局特级教师考察组的成员前往澄海考察时，李赛娥老师赠我一句话，令我永记于心。她说："那时我们被组织考察组推荐出去考评，现在我们应该更好地服务他人，让区域走出更多的特级教师。"

教育要发展，教师的专业发展尤为重要。

在班长的带领下，我必将与同行一同前行。

"用青春拥抱时代"主题征文发言稿

尊敬的老师，亲爱的同学：

大家好！

阅读能助人吸收好的养分，也是德育中最美丽的景象。

现行的课程改革很重视阅读，如语文学科的整本书阅读。我校也积极举行了区性公开课，分别由高二的郑晓华、高一的黄妍楠老师承担。在课后的研讨总结会上得到市里同行的认可，在随后各学科考试的卷子上也有所体现。

在"劳动创造美好生活"的主题阅读征文活动中，我校获得了喜人的成绩。

阅读可以使人从书本中吸取营养，提升自身的综合素养，特别是人文素养，阅读会使人沉浸在书本的美好氛围中。

创作便是把生活中的美好记录下来，好让读者能好好品味，感受着某一历史的瞬间留给人类社会的价值印记。

于是，今天在这里召开"用青春拥抱时代"主题征文活动动员会。这次征文活动是由市关工委、教育局、作家协会联合举办的，希望在座的学生代表积极响应，认真创作，也带动身边的同学拿起笔，用青春之汗水，书写这个值得记忆的时代。期待语文课题组的老师们用心指导，发现好苗子。让我们砺青中学在这次主题教育活动中多出好作品，为自己争光，为学校添彩。

谢谢大家！

2021年6月22日

心有学生　胸怀家国　一起奔跑

忆中学时光，我曾在名噪一时的鹤丰中学求学，记得物理、化学、数学老师是从不带课本上课的，并不是他们不认真，而是他们已将整本教材都谙熟于心，班里六七十位学生的情况他们也都心里有数。好怀念那段时光。

三年难忘的初中生活，被老师的爱沐浴着，最终上了重点中学——汕头市六都中学，而后上了师范院校。毕业后不知是因年少轻狂或是怀着乡村情结，我毅然向组织递交了返乡执教的申请书。

一晃25年过去了，辗转5所中学，科任、班主任、教研组长、政教主任、教导主任、体卫主任、总务主任、副校长，每个角色我都体验过。随着岁月的浸润，我对教育有了一些自己的认识与思考：如何当好一名老师？当一名好老师会遇到哪些挑战？又该如何应对？

当前教师面对着新技术、新课程、新高考等一系列挑战，但我一直认为，社会各界对教育的认识和评价存在着功利化现象，导致教师无法更好地面对新情况和应对新挑战。如何应对教育日益显现的功利化现象，我的想法有以下这几点。

一、做好价值引领

课堂或每个教育场景都应做好价值引领，准确回答"为谁培养人，培养什么人，怎样培养人"这一教育的根本问题。2017年到新单位上班，在第一次升旗仪式上，我观察到有相当一部分学生带着书本或辅导资料在这样的场景下学习。随后，我让每位科任老师和学生进行一次大讨论——在升旗仪式上带着书本争分夺秒地学习，可好？之后再在全校范围内进行一场有关国旗、国歌、国徽等知识的普及，以此来增强学生的爱国情怀。

在一次政史地组的成果展上，历史老师指导学生制作了不同时期女性的饰件并进行拍卖，将拍卖所得款项寄给潮汕关爱抗战老兵志愿队，受到了志愿队的嘉奖。像这样的活动我们举办了许多场次。

二、适性扬才，注重学生的个性发展，让学生焕发学习的激情与热情

在乡村中学的教育教学实践中，我不断尝试，着眼学生个性发展，让学生焕发学习的激情与热情。1995年7月，我大学毕业后被分配到潮阳市仙门城初级中学，担任三个毕业班和两个初二班级的政治学科教学工作，同时担任班主任。在与学生的交往中，我得知赵伟卿同学喜欢唱歌，有音乐天赋，便找大学同学义务为她补音乐方面的知识。经过多方努力，她后来顺利考取了师范学校的音乐专业。在20多年的教学生涯中，这样的事例还有不少，记忆最深刻的是2003年至2010年在晓升中学工作的岁月。那时学校刚创办，生源

基础差，但有两位老师非常痴迷他们的美术课，喜欢他们的学生，于是，我便为他们搭建平台，创办了美术班，让有兴趣、有美术基础的学生报名。在2006年至2010年的高考中，有三十多位学生考上了广州美术学院，郭妙如同学还考上了清华大学美术学院，成为当时的教育界佳话。

三、只有教师发展了，学生才有机会发展

如果老师只是一味地教书，自身不学习或学习停滞，那么学生发展的机会也是比较少的。只有让每一位教师设计好自身的职业生涯规划，让每位教师都有机会外出交流学习，他们才会带来先进的理念，才会不断地反思、总结、改进他们的教育教学方法，学生才有机会得到长足的发展。

2010年至2017年在司马浦中学工作期间，黄凯生、连洪杰刚入职第二年就参加了汕头市举办的首届教师技能比赛并获一等奖；2017年在砺青中学工作以来，毕业刚满三年的庄晓婷参加区、市"优课"活动获奖，参加市青年教师基本功比赛获三等奖；杨薇、陈秋贤承担区性公开课都获得了好评，其中陈秋贤还参加了第四届粤东微课大赛并获二等奖。年轻教师热爱学习，不断更新自己的教育理念、改进自己的教学方法，更好地服务学生，这是最让人欣喜的！

四、面对不同层次的学生群体，我们更应该关注谁？

在对中、高考的评价上，人们总在关心几个尖子生，总在关注中考能考上多少省市重点中学，高考能考上几个"985""211"，而对于中下层学生，多少学校、教师则采取了"放弃"的态度。

我认为，中上层学生本身学习能力强，且自觉性较高，我们反而更应该将关注点转移到中下层学生身上，多给他们帮助、关心，不贴标签，不随意放弃他们，想办法让他们体验成功。

然后，现在有一些学校、领导们一直在做的事情却是把心目中的骨干教师放在毕业班，这样容易造成这些老师的疲累，而其他老师也得不到锻炼。因此，教学大循环应该被大多数学校、领导关注并尽早落实。

五、在活动中找回自信，在自信中更加自觉

我认为，要想消除教育的"功利化"，就应该让学生走出教室，去体验生活，参加社会实践，参加各项比赛。比赛的目的不应是为了考试的加分或是评优评先的加分，而是让学生的长处得到真正发挥，以激活他们的学习潜质，体验成功的喜悦，以此增强他们学习的自觉性。自觉性增强了，便会不断累积，在体验成功的过程中找到自信，一旦有了自信，他们的学习便会更加自觉、从容，也就会取得更大的成绩。

六、赢家，只是在做自己专长的事

如果你是鱼，何必与鸟比飞翔？赢家，从来都只是在做自己专长的事。要成为独特的赢家，必须坚定三个理念。

天赋通常与你的兴趣有关。当兴趣与成就感交叠时，正向循环便会让你愿意投入更多的时间而不觉疲累。

不是赢家，而是赢家们。

面对瞬息万变、充满未知的将来，只靠自己单打独斗难成大事，团队合作成了必备条件。"三个臭皮匠，胜过一个诸葛亮"，

更何况未来所面对的绝不是"臭皮匠"的组合，而是诸葛亮们；你，一个人，除非是天才，否则只会到处碰壁，即使你能取得一时的成功，纵使你才华过人，你一天也只有24小时，个人精力有限，注定难以长久发展。

赢家，正是要做自己专长的事，而要成为独特的赢家，就必须做自己喜欢的事，且要知道赢家不是孤独一人，而是赢家们，赢家不是非要抢第一，而是应成为唯一，成为真正的自己，让世界因你更美好。

朋友们，一起奔跑吧！

重　塑

　　树然和我一样是校长，我与他曾经三次一起学习。三次学习分别是华东师范大学汕头市中层干部、骨干教师理论创新班（脱产一个月），华南师范大学百千万人才工程培养对象（培养期四年），广东省名师工作室主持人（一个周期三年）的学习。他的成长是励志的——20世纪90年代毕业于韩山师范学院并留校工作，后来调去汕头市实验学校任职，现任汕头市金中华侨实验区学校校长。我戏称他从大学干到了小学。

　　树然是个勤奋好学的好老师、好校长！他获得了华南师范大学教育硕士学位，我与他是在学习旅途中相知相识的。2010年10月，我们汕头市选派第3批中层领导骨干教师赴华南师范大学参加为期一个月的脱产学习，培训的主题是教育理论创新。班上共45人，他是我们的班长，他与我们一起学习的方式也有些独特。他开启了汕头外出培训的班级开微博的先例，我们在班级的微博上发表自己的学习心得，探讨教育教学问题，递交了自己的论文，最后我们还汇编了一本10万字的论文集，这引起了当时市局领导的关注。往后每届

163

外出培训会的开班仪式上，领导总会提起这件事。

除了工作勤奋，我们还是不断学习上进的同行者。2015年初我们一起参加省百千万人才遴选的现场答辩，我俩同住一间客房。答辩的前夜，他生怕影响我的睡眠，自己一个人在洗手间挑灯夜读，做好复习。最终我两一同进入华南师范大学，进行为期三四年的培训。他以教育家培养对象的身份，而我是以高中文科名师培养对象的身份接受培训。

对教育的热爱，是对教育有情怀，是对教育有信仰，我们都在不断地重塑。在这次重塑中，我们又走在了一起。

这几年，说短又长的项目，我们在各自培养，也互有交流。项目的宗旨，是让不同学校、不同学科、不同项目的培养对象，也有学习交流的机会。"异质"培训更是在探索教育的共性，寻找教育的规律，更有效地服务更多的教育群体。

这4年，学习的形式、内容、对象、方式确实多，但彼此的交流都能达成共识。

接下来的我们，将共同度过又一个3年。

不断努力，不断地重塑自我。

祝 福

2015年7月，通过层层筛选，我最终成为广东省百千万人才工程高中文科名师培养对象，在华南师范大学经过4个春秋的学习，聆听了大师的教诲和与专家交流，收获不少，值得回忆的事太多太多。

2016年春节，我作为"省百"的学员收到了华南师范大学基础教育培训学院王红院长的祝福，这让我深受感动。短信全文如下：

各位亲爱的"省百"2期高文班的兄弟姐妹：

猴年吉祥，把祝福留在大年初二发出。不是为了错峰，更不是有所遗忘，而是为了刻意等待一个温暖的日子：回娘家的日子。按我家乡的习俗，初二是回娘家的日子，因此具有了别样的温暖，此时此刻也好，彼时彼刻也好，不论你人在何地，身在何方，愿我们华南师范大学基础教育研究院永远都是你的娘家人，时刻为你把每一份特别的温暖祈愿，为你保留一份特别的温暖。祝愿你金猴纳福满身心，更期盼你能常回娘家看看，感受并传递这份来自娘家的特别温暖。

请原谅我是群发给大家的，但每次给亲爱的同学们发送祝福，每次一一点击每个人的名字时，我就在心里把你默想了一遍。

王 红
恭 祝

后　记

我们自有我们的脚步

　　钱穆先生在他的《中国历史精神》中说，欧洲文化控制全世界，这只是眼前的事。不是说西方文化一定没落，它拥有它将来的生命，回头，我们要解决自己的问题，先认识自己，我们从哪里来，到何处去。

　　今年的中秋节恰逢第十一届北京国际电影节开幕，一位女演员在开幕式上的致辞中讲到，我们热爱中国，我们热爱北京，我们热爱北京电影节。

　　因为有了中国电影人的爱国、爱乡、爱他所爱的电影事业，于是有了《中国机长》《流浪地球》《你好，李焕英》这些优秀影片，浸染青年一代，为他们的人生打好坚实的底色。

　　在中央电视台的中秋文艺晚会上，一首《万疆》感动了多少中华儿女。汕头一向崇文重教，每年的科学家进校园已成为汕头市的教育品牌，我们这里走出了人民英雄、国家荣誉获得者麦贤得，国家最高科技奖获得者、共和国勋章获得者、核潜艇之父黄旭华，当代知名数学家丘成桐。2020年东京奥运会双金王谢思埸……这里有太多的故事，故事里尽是家国情怀。

2020东京奥运会，中国获得金牌总数第一，我们实现了体育强国梦。

中国的航天技术、海洋生物技术、杂交水稻、人工智能等获得的成就举世瞩目，为何？因为我们有我们的脚步，我们有我们的中国智慧与中国方案。

砺青中学80多年风雨路，首任校长郑国凯先生，与他的挚友创立学校，初心是报效家国，为国育才。几十年岁月初心不改，我们学校培养了各界翘楚，举不胜举，输送了一批批社会主义的建设者和劳动者，为当地的社会经济发展做出了应有的贡献。改革开放以来，教育迎来了新的春天，历届校长都不忘初心。教书重在育人润心，每位教师都在潜心教学。这几年学校声誉日增，面对新课改、新高考，郑文波校长再三强调我们要重视每个学生的成长，让好的学校教育惠及每一个学生，于是我们有了春季高考与夏季高考班。学校要发展，教师更需发展，如此教育质量才能提上去，学校才会有更强的生命力。学校把教师专业发展放在重要位置，于是在潮南区首轮高中教师工作室的建设中，我们学校的张少伟副主任、郑灿基老师分别主持了英语、数学工作室，张少伟副主任也评上了区首届名教师，吴舒淇、谢燕娜、郑楚州、郑泽丰等老师被评为市级优秀教师，还有郑康义等多位教师评上区级优秀教师，学校还成为韩山师范学院教师发展专业学校。

在不同的场合，我们的优秀班主任达成了一个共识，那就是用爱心去关爱每一个学生。班主任在工作中无论对人对事都要公正平等，特别是对待后进生，更要真心实意，不要给学生一种"老师做个样子"的感觉。平等可以营造融洽氛围，爱可以使枯木逢春，耐心可以修好"破罐"。班主任虽然不可能将自己的精力平均分给每一个学生，但只要我们尽量做到偏爱后进生、博爱中等生、严爱优质生，用心关爱每一个学生，就一定能够发现学生身上潜藏的智慧和创造力，挖掘每一个学生的闪光点。这些是吴舒淇老师在班主任经验交流会上的心得体会。学校的老师创建了学习共同体、教研共同体，每一节公开课、示范课，每一项目的申报，都凝聚了团队的力量与智慧。我们学校也自有我们的脚步，在校长的领导下，我们围绕自己制订的目标努力前进。

我们学校也有自己的脚步，早读晚修，课堂上、运动场上都有学生们努力的身影。

我们相信只要不懈努力，便能迈出坦途，迈向精彩的人生路。

在杨振宁百岁华诞学术思想研讨会上，杨振宁先生回忆与邓稼先先生的书信来往。邓稼先先生告诉杨振宁先生：中国的原子弹事业没有外国的帮助。并对杨先生说，但愿人长久，千里共同途！

但愿人长久，千里共同途！

杨振宁先生懂得邓稼先先生。

我们也懂！

2022年元旦

后记